Der Sklavenstaat

Hilaire Belloc

DER SKLAVENSTAAT

Renovamen-Verlag

Impressum

Bibliographische Informationen der Deutschen Nationalbibliothek, abrufbar unter http://dnb.ddb.de

Buchgestaltung, Satz: Marcel Hagmann, www.keilergrafik.de

Belloc, Hilaire
Der Sklavenstaat. Vom Verlust von Eigentum und Freiheit
184 Seiten, Bad Schmiedeberg 2019

1., behutsam überarbeitete Neuauflage 2019

Herausgeber: Philipp Liehs und Julian Voth

Originaltitel: The Servile State

© Renovamen-Verlag, Bad Schmiedeberg 2019,
für die deutsche Ausgabe
www.renovamen-verlag.de

Aus dem Englischen übersetzt von Arthur Salz

ISBN 978-3-95621-137-9

»... Wenn wir nicht das Institut des Eigentums wiederherstellen, können wir nicht umhin, das Institut der Sklaverei wiederherzustellen; es gibt keinen dritten Weg.«

Inhalt

Dr. Robert Hickson

Gedenktag des Hl. Albertus Magnus († 1280)
15. November 2018

Eine Einführung in Hilaire Bellocs *Der Sklavenstaat*

»Wir sind nun an einem Zeitpunkt angelangt, an dem wir weder unsere Laster noch deren Heilmittel ertragen können.«
Titus Livius

Als *Der Sklavenstaat* im Jahre 1912 erstmalig erschien, war Hilaire Belloc gerade zweiundvierzig Jahre alt und voller Schaffenskraft. Sein Tatendrang lag teilweise in den sehr starken und erstaunlich vielfältigen Erfahrungen seiner prägenden Jahre begründet. Außerdem gab sein 1912 erschienenes Buch Anlass zu einer Reihe kluger bis weniger kluger Kommentare – darunter auch einige gravierende Missverständnisse –, sodass Belloc sich aus Billigkeitsgründen nur ein Jahr später dazu entschied, eine zweite Auflage zu veröffentlichen. Diese enthält seine wichtige und klarstellende Erweiterung, die im Wege einer neunseitigen »Vorrede des Verfassers zur zweiten Auflage« Eingang in das Werk fand.

Unser aufrichtiger und mannhaft einfühlsamer Verfasser war sein ganzes Leben lang und in all seinen Schriften – zumindest in denen, die ich über die Jahre hinweg ziemlich genau studieren konnte – sorgfältig hinsichtlich der stets folgerichtigen Verbindung von »Unsicherheit und Unauskömmlichkeit«, die für jeden einzelnen Menschen und seine Zugehörigkeit zur Gesellschaft eine schwierige und allgegenwärtige Verwundbarkeit bedeutet. Im gesamten *Sklavenstaat* betrachtet Hilaire Belloc insbesondere den »ökonomischen Faktor« und zeigt dessen wiederkehrendes Wirken anschaulich auf. Er legt dar, wie Menschen und ihre Familien, ob organisiert oder nicht, Unsicherheit und Unauskömmlichkeit bewältigen; und wie sie umgekehrt danach streben, sich eine bescheidene Existenz aufzubauen und diese zu bewahren, eine stabilere Existenz, die mit einer zuverlässigeren Verbindung aus »Sicherheit und Auskömmlichkeit« einhergeht.

In seinem ersten Hauptkapitel legt Hilaire Belloc unter der Überschrift »Definitionen« dar, was er unter einem Sklavenstaat versteht bzw. unter dem Institut der Sklaverei als dessen Grundlage:

> Meine letzte Definition betrifft den Sklavenstaat selbst, und da dieser Begriff einigermaßen neu ist und den Gegenstand meines Buches bildet, so möchte ich eine Definition auf breiterer Grundlage versuchen.
>
> Die Definition des Sklavenstaates lautet:
>
> *»Eine Gesellschaftsordnung, bei der eine so große Anzahl der Familien und Einzelpersonen durch positives Recht zur Arbeit zugunsten anderer Familien und Einzelpersonen gezwungen ist, daß das ganze Gemeinwesen von solcher Art Arbeit das charakteristische Gepräge erhält, nennen wir den Sklavenstaat.«*
>
> [...]
>
> Zwischen Sklaverei und einer nicht auf Sklaverei beruhenden Arbeitsverfassung besteht eine scharfe Trennung; die Verhältnisse liegen diesseits und jenseits dieser Grenze ganz verschieden. Wo durch *positives Recht* auf Menschen eines bestimmten *Standes* oder *Status* ein *Zwang* ausgeübt werden kann, und solcher Zwang schließlich durch die staatlichen Machtmittel durchgesetzt wird, da haben wir das Institut der *Sklaverei.* Wo dieses Institut so verbreitet ist, daß der ganze Staat sozusagen auf dem Fundament der Sklaverei beruht, da haben wir einen Sklavenstaat vor uns.

Hilaire Bellocs enger und langjähriger Freund G. K. Chesterton liefert einige überraschende Einblicke, die uns im Weiteren dabei helfen werden, uns dem Inhalt und der Methodik des *Sklavenstaates* anzunähern und etwas besser zu verstehen, was er gerade nicht ist. In Chestertons 1934 erschienenen Essayband *Avowals and Denials* findet sich der sechsseitige Aufsatz *On Dogs with Bad Names*, der wie folgt beginnt und sich in gleicher Weise fortsetzt – zum Teil natürlich, um Hilaire Belloc eine überaus liebenswürdige Anerkennung zu zollen:

> *Fast jedem Menschen mit einem positiven Charakter oder, was wichtiger ist und häufig damit einhergeht, mit positiven Überzeugungen, haftet ein negativer Nachteil an. Ein Literat vom Schlage Dr. Johnsons oder Coventry Patmores [des Dichters] beispielsweise, mit starken Vorlieben und Abneigungen, wird dadurch zum Sprichwort und zum Spott, sodass niemand glaubt, es gäbe noch etwas Neues über ihn zu erfahren. Alles Neue, das er äußert, ist gefärbt, oder eher verfärbt, entweder durch das, von dem die Leute wissen, was er gesagt hat, oder durch das, was die Leute glauben, dass er sagen würde.*
>
> [...]
>
> Seltsamerweise hatte Mr. Shaw [George Bernard Shaw, selbst ein überzeugter Sozialist und scharfsinniger Dramatiker] im Zuge dessen [dem Versuch einer Interpretation H. G. Wells'] die Gelegenheit, sich auf Mr. Belloc zu beziehen und sagte, dass die Theorie des Sklavenstaates nichts anderes sei als Herbert Spencers Angriff auf den Sozialismus. Das war der Beweis dafür, dass Mr. Shaw Bellocs Buch niemals gelesen hatte, sonst hätte er gewusst, dass es sich nicht um einen Angriff auf den Sozialismus handelt und es nicht im Entferntesten Ähnlichkeiten zu Herbert Spencer aufweist. Aber ebenso wie Mr. Wells es für selbstverständlich ansah, dass Mr. Shaw gewisse [falsche] Dinge über den Übermenschen schreiben *würde*, setzte er voraus, dass Mr. Belloc gewisse Dinge über den Sklavenstaat schreiben *würde* ... Dieses seltsame und krude Schicksal, das starke Charaktere mit festen Überzeugungen ereilt, hat Mr. Belloc auch in späteren Zeiten noch verfolgt, so [zum Beispiel] im Zusammenhang mit seinen historischen Biographien.[1]

1 G.K. Chesterton: *Avowals and Denials*, London: Methuen & Co. LTD 1934, S. 85, 88-89 [Hervorhebungen i. O.].

Obwohl von George Bernhard Shaw weitestgehend verkannt, hat uns Hilaire Belloc die seit Langem bestehende, uralte Geschichte des Instituts der Sklaverei und ihrer andauernden Spielarten der Servilität in frischer, aber realistischer Weise dargelegt. Dazu gehört es auch, einige ihrer späteren Auswirkungen miteinzubeziehen, so ab 1912 das Abrutschen – oder Schlafwandeln – in die Knechtschaft und einige sich subtil ausbreitende Formen der Unfreiheit (einschließlich der Schuldknechtschaft). Und das kurz vor dem bedrohlichen Ausbruch des 1. Weltkrieges.

Belloc verurteilt Sozialismus und Kollektivismus nicht als solche. Er geht in seinem Buch auch nicht auf die Frage ein, ob die vorbehaltlose Einrichtung der Sklaverei an sich etwas Gutes oder Schlechtes ist. Denn viele Menschen akzeptieren wohl möglicherweise bestimmte Formen offener oder fast unmerklicher Zwangsversklavung, sofern ihnen (und ihren Familien) dadurch mehr Sicherheit und ein besseres Auskommen oder ein merklicher Wohlstand zuteilwerden würde. Belloc beabsichtigt vielmehr, dem Leser analytisch darzulegen, was geschieht und wie es sich seit den folgenreichen, räuberischen Auflösungen der Klöster im 16. Jahrhundert und den gierigen, wucherischen Enteignungen anderer Formen kirchlichen Besitzes innerhalb des »Christentums« in der »katholischen Zivilisation« (Bellocs eigener Wortlaut) vollzieht.

Ebenso gibt Belloc Hinweise darauf, warum die traditionelle katholische Christenheit – im Zuge der protestantischen Reformation, insbesondere im 16. und 17. Jahrhundert in England – gespalten und dissoziiert wurde und die kapitalistischen Oberherren dadurch zu einer mächtigen Klasse von Oligarchen und Plutokraten aufsteigen konnten.

Die möglichen Befürworter des Sozialismus (mitsamt dem notwendigen Agieren seiner unverzichtbaren politischen Sachwalter und staatlichen Stellen) versuchte Belloc davon zu überzeugen, dass sie selbst kollektiv nicht annähernd dazu im Stande wären, das ungeheure Gesamtvermögen der Großkapitalisten (ihren Grund und Boden, ihre Vorräte, ihre Produktionsmittel, ihre Verbindlichkeiten, ihre unterschiedlichen Einkünfte durch Zinswucher usw.) – direkt oder indirekt – zu »konfiszieren« oder zu »sozialisieren«. Ebenso ist Belloc auch nicht der Ansicht, dass der Staat – um »kollektivistischer« zu werden – in der Lage wäre, den Kapitalismus »auszukaufen«, anstatt ihn zu »enteignen«, was er in seinem gesonderten und besonders umfangreichen analytischen Anhang (im achten Abschnitt) ausführlich darstellt.

Nach einer fundierten Darstellung dessen, wie sich das uralte Institut der Sklaverei mit dem Aufkommen des christlichen Glaubens im Laufe der Jahre nur sehr zögerlich in eine Gesellschaft von größerer »wirtschaftlicher Freiheit« und nicht nur mutmaßlich gesteigerter »politischer Freiheit« (insbesondere in Westeuropa) transformiert hat, zeigt Belloc sehr deutlich auf, wie sich die Dienst- und Eigentumsverhältnisse innerhalb dieser Gesellschaft verändert haben und sich die Zahl der Genossenschaftsverbände (wie z. B. die Zünfte mit ihren protektionistischen und gerechten Normsetzungen) mit ihren vielfältigen Verbindungen zur Kirche und Teilnahmen an den Feierlichkeiten des Kirchenjahres[2] erhöhte. Im Unterschied zu späteren Usurpationen, Konfiskationen, den verantwortungslosen Monopolen oder Oligopolen und ausbeuterischen Formen des erbarmungslosen Zinswuchers (zu denen neben den verzinsten auch zinslose Darlehen zählen), sollten die hohen moralischen Werte und das Ethos des Christentums (die sich bspw. gegen übermäßige Habgier und unlauteren Wettbewerb in Form von sittenwidrigen Verträgen richteten) stärker respektiert und verwurzelt werden und sich allmählich im Handel, der Landwirtschaft und dem Handwerk verbreiten. So war es beim Militär mit der schleichenden Christianisierung der Kriegsführung der Fall gewesen – bis zu jenem Rückfall in der Geschichte von Jeanne d'Arc. Belloc war der Ansicht, dass die ausgereiften Früchte der Christenheit nach und nach vom 10. bis zum 13. Jahrhundert zu Tage traten.

2 Anm. d. Übers.: Man denke etwa an die mit Zunftzeichen versehenen Prozessionsstangen, die sich auch heute noch in vielen süddeutschen Kirchen befinden.

Seiner Beschreibung der ökonomischen Tugenden der Christenheit, die gewissermaßen immer mehr zunahmen und sich verwurzelten, lässt Belloc im Verlauf seines Buches die Erklärung folgen, warum solch eine Zivilisation und Kultur in der modernen Welt wahrscheinlich nicht wieder aufkommen könnte, erst recht nicht in so schneller und plötzlicher Weise. Ebenso zweifelte Belloc daran, dass die Bürger heutzutage (Stand: 1913) gewillt wären, die mit privatem (Klein-)Eigentum verbundenen Verantwortungen und Belastungen zu tragen. Für Belloc stand die Frage im Raum, inwieweit Männer und deren Familien noch daran interessiert sind, Privatland zu besitzen, das für die Agrarproduktion taugt und bewirtschaftungsfähig ist. Daher erwartete er durchaus nachvollziehbar, dass – zumindest in England – die moderne Zivilisation und die Masse der Gesellschaft weiterhin in die Knechtschaft abdriften würde, namentlich in den dauerhaften und alles durchdringenden Sklavenstaat. Sogar die Legislative würde Gesetze und erdrückende Verordnungen erlassen, die dem Kleineigentum zuwiderliefen.

Ein scharfsinniger (oft leicht ironischer) europäischer Freund sagte Ende der 1990er Jahre folgende Worte, die mir unvergesslich geblieben sind: »Wir bewegen uns in eine Situation des ›kriminellen Kapitalismus der Eliten und des Sozialismus der Massen‹ hinein.« (Ebenso verstand er, dass »organisiertes Verbrechen geschütztes Verbrechen ist, geschützt durch Polit- und Finanzeliten.«)

Wir besprachen damals auch einen Freund Alexander Solschenizyns, vor allem dessen Werke: nämlich Igor Schafarewitschs Buch *Der Todestrieb in der Geschichte: Erscheinungsformen des Sozialismus* (Ullstein, 1980). Darüber hinaus erschien 1989 vom Mathematiker Schafarewitsch das tiefschürfende und außergewöhnlich unvoreingenommene Buch mit dem russischen Originaltitel *Russophobia*, das vom US-Geheimdienst CIA unverzüglich ins Englische übersetzt und am 22. März 1990 veröffentlicht wurde.

Sowohl Bellocs *Der Sklavenstaat* als auch Schafarewitschs *Der Todestrieb in der Geschichte* und *Russophobia* könnten –

und sollten – zusammen fruchtbringend und erfrischend kontrapunktisch studiert werden. Dies würde auch dazu beitragen, die Schriften des begabten katholischen Historikers Augustin Cochin, der 1916 als junger Mann im 1. Weltkrieg in Frankreich fallen sollte, wiederzubeleben. Cochin, den Schafarewitsch oft zitiert, hatte bereits in mehreren seiner Fachbücher nicht nur die Französische Revolution, sondern vor allem auch das Wesen und das einflussreiche Treiben von Oligarchen und deren äußerst wirkmächtigen Netzwerke (zu denen manchmal auch einflussreiche Plutokraten gehören) einer brillanten Analyse unterzogen. Er wusste auch von den häufigen »Bürgerkriegen« unter bestimmten Cliquen von Oligarchen, wie beispielsweise zwischen den Girondisten und den Jakobinern. Genauso verhält es sich mit den Kapitalisten der Hochfinanz, die auffälligerweise selbst Karl Marx in seinen strategischen und analytischen Schriften nicht offen erwähnt. Trotz dieser internen Kämpfe ist die Revolution gegen den katholischen Glauben und die katholische Kirche, und sogar gegen einen schwindenden Überrest dessen, was man einst die katholische Kultur und Zivilisation nannte, noch immer in Gange.

Fasst man abschließend noch einmal Hilaire Bellocs Weitsicht und die bleibenden Wahrheiten seiner objektiven Untersuchungen zusammen, stellt man fest, dass er 1912 in der katholischen Kirche (mit Papst Pius X. an der Spitze) mehr sah als nur eine starke und verwurzelte Kulturinstitution. Würde er hingegen heutzutage schreiben, wäre er wahrscheinlich vorsichtiger, zurückhaltender und auch pessimistischer in Hinblick auf das kräftige Bollwerk, das die katholische Kirche einst war.

Würde er heutzutage schreiben, enthielte sein Werk wahrscheinlich auch einen Abschnitt über das Wesen und die knechtischen Auswirkungen moderner Technologien und würde einige »bahnbrechende Technologien« und moderne Formen unserer »elektronischen Knechtschaft« miteinbeziehen. Belloc würde sich außerdem wahrscheinlich auf zwei scharfsinnige und weitsichtige amerikanische Denker beziehen, die im 20. Jahrhundert einflussreich waren: Albert Jay Nock (1870-1945) und James Burnham (1905-1987).

Hätte Belloc Nocks *Memoirs of a Superfluous Man* (1943) selbst gelesen und ausführlich besprochen, hätte wahrscheinlich auch er drei grundlegende sozioökonomische Grundsätze angewandt, wie Nock es selbst so geschickt im Hinblick auf viele, nicht nur wirtschaftliche Aspekte des menschlichen Lebens und der Literatur getan hat: nämlich das Gesetz des sinkenden Grenzertrages, das Gresham'sche Gesetz (»schlechtes Geld verdrängt gutes Geld« – d. h. gute, solide Währung) und das Epstein'sche Gesetz (benannt nach Nocks Freund): »Die angeborene Veranlagung des Menschen, seine Bedürfnisse mit den am einfachsten verfügbaren Mittel zu befriedigen«, teilweise sogar mit der zweifelhaften Neigung und Entschlossenheit verbunden, »zu versuchen, etwas umsonst zu bekommen« und »mit geringsten Folgen für einen selbst« (so die Worte von Generalmajor Mickey Finn).

Belloc hätte sicher auch James Burnham gelesen und mit ihm diskutiert, einem strategisch ausgerichteten, luziden Denker und Schriftsteller, der ehemals Trotzkist war und zum Ende seines Lebens zu seinem in jungen Jahren aufgegeben katholischen Glauben zurückkehrte. Dann wäre insbesondere James Burnhams *Begeht der Westen Selbstmord? Ein Versuch über Bedeutung und Zukunft des Liberalismus* (1964) und *The War We Are In* (1967) zu besprechen gewesen. Auch hätte Belloc sicherlich zusammen mit Burnham versucht, sein eigenes weitreichendes Verständnis der »Revolution der Manager« als eine mehrdeutige Entwicklung des Industriekapitalismus samt seiner aus ihm hervorgehenden, erdrückenden bürokratischen und politischen Gesellschaft und Zivilisation zu untersuchen.

Mit solchen Männern hätte Belloc immer wieder seine Freude gehabt. Solche Männer hätten das Denken und Handeln des jeweils anderen unter Garantie bereichert. Belloc vergaß nie die Worte Kardinal Henry E. Mannings, die dieser ihm in seiner Jugend mitgegeben hatte: »Die Wahrheit bestätigt die Wahrheit« und »Jeder menschliche Konflikt ist letztlich theologisch«.

Hilaire Belloc dürfte sich im Laufe der Jahre bei seinen wiederkehrenden und tiefgreifenden katholischen Reflexionen wahrscheinlich oft Livius' tiefgreifende Frage gestellt haben: Sind wir nun an einem Punkt angelangt, an dem »wir weder unsere Laster noch deren Heilmittel ertragen können«?[3]

Man bedenke nur, was Belloc vom zunehmenden Problem des Opioid-Missbrauchs halten würde.

Was muss, wenn überhaupt, als Allererstes hinreichend wiederhergestellt werden? Welche Voraussetzungen müssen beispielsweise vor unserer Errichtung eines beständigen Instituts gut aufgeteilten, kleinen Eigentums in Gesellschaft und Staat geschaffen werden?

In seinem Buch *Der Sklavenstaat* schreibt Belloc immer wieder explizit und implizit, dass es überall in Zivilisation und Kultur zunächst zu einer gefestigten und hinreichenden Wiederherstellung des Glaubens kommen muss.

3 Liv. praef. 9: »Nec vitia nostra nec remedia pati possumus.«

Vorwort des Übersetzers

Hilaire Belloc (geb. 1870) ist ein englischer Schriftsteller von weitestem Umfange des geistigen Horizonts, von erstaunlicher Vielseitigkeit und Fruchtbarkeit, der in Deutschland so gut wie unbekannt ist. Intellektueller Außenseiter, der die bequeme Heerstraße des sogenannten gesunden englischen Menschenverstandes und damit jene ungenießbaren Plattheiten verschmäht, unterscheidet er sich von seinen berühmteren englischen Zeitgenossen wie G. K. Chesterton, Wells, Shaw, mit denen er oft verglichen wird, durch die tiefere Bildung, durch seinen Sinn für Romantik im besten Sinne des Wortes, durch eine ungemein schöpferische Imagination, die überall an die festen Bindungen der Vergangenheit anknüpft, durch ein starkes Maß von kulturkonservativer Gesinnung und Verantwortung.

Modern wie kein zweiter im Durchschauen des Wesens und der Bedingungen der westlichen Zivilisation, wurzelt er doch ganz in den Bindungen der geschichtlichen Werte, die seinen Gesichtskreis bestimmen und ihm die Normen, an denen er sich orientiert, liefern.

Ob er, der selbst kurze Zeit Parlamentsmitglied war, aber die Atmosphäre des heutigen englischen Parlaments nicht ertrug, den Verfall des englischen Parlaments schildert und die Rückkehr zu einer starken (aber nicht unbedingt legitimen) Monarchie als das einzige Rettungsmittel Englands erklärt (wozu in England mehr moralischer Mut gehört als im zeitgenössischen Deutschland), oder wenn er, der selbst zwei Zeitschriften herausgab, die Abhängigkeit der großen Presse vom Kapital und Inseratenlieferanten geißelt; ob er, der strenge und gläubige Katholik, die Bedeutung des Glaubens für die europäische Kultur darstellt oder, der Halbfranzose, eine meisterhafte Geschichte der französischen Revolution schreibt und in glänzenden Monographien die geschichtliche Rolle von Danton, Robespierre, Marie Antoinette festlegt; ob er in der anheimelnden Schilderung von Sussex die Bedeutung der römischen Straßen für den Zusammenhalt des römischen Reiches oder in der entzückenden Beschreibung einer Fußwanderung von Südfrankreich nach Rom Menschen und Landschaften schildert; ob er mit erstaunlichen Fachkenntnissen die militärische Geschichte der ersten Monate des Weltkrieges festhält oder in einer glänzenden Satire als orientalischer Erzähler den modernen Engländern einen Spiegel der Verlogenheit vorhält, ja selbst in seinem verfehlten Buche gegen die Juden, das von falschen Voraussetzungen ausgeht – immer ist er – von seinen halbphilosophischen Essaybänden und seinen Versen zu schweigen – kühn und originell in einem Maße, das uns Deutsche besonders anspricht. Um so erstaunlicher, daß dieser glänzende Schriftsteller bei uns nicht Fuß fassen konnte.

Das vorliegende Buch, dessen Kenntnis diese Übersetzung vermitteln soll, scheint zu den weniger gelesenen Schriften Bellocs zu gehören. Seine Übertragung in unsere Sprache schien mir eine nützliche Aufgabe zu sein, nicht einmal so sehr deshalb, um einen bisher unbekannten ausländischen Schriftsteller bei uns einzubürgern, sondern hauptsächlich darum, weil sich an die Darlegungen des Verfassers ein starkes sachliches Interesse knüpft, das mit unserem gegenwärtigen Zustand innerhalb der Welt in engster Beziehung steht.

Die Erlebnisse des Krieges und der Revolution haben sowohl das ganze gesellschaftliche Gefüge und die gesellschaftlichen Ordnungen als auch die Begriffe und Denkformen, mit denen wir das gesellschaftliche Geschehen zu verstehen suchen, gelockert, flüssig, problematisch gemacht. Indem wir als Glieder höherer Gemeinschaften, aber auch als Einzelpersonen immer wieder vor die Existenzfrage gestellt wurden und um das nackte Leben zu ringen hatten, lernten wir wieder *elementar* zu denken und die vielfach gekünstelten und verwickelten Beziehungen, die Schalen und Hüllen, von dem Wesen, der Substanz der Dinge zu unterscheiden. So hat diese Erschütterung aller Lebensverhältnisse das eine Gute gehabt, daß sie uns zwang, wieder *wesenhaft* zu denken und zu empfinden und hinter den

Erscheinungen dem letzten Sinn nachzuspüren. Indem wir wieder elementar sehen gelernt haben, sind wir, wenn nicht frommer, so doch vorurteilsloser und umfassender geworden. Die Nationalökonomie insbesondere als der bedeutendste Teil der Gesellschaftswissenschaft hat das Glück gehabt, einen neuen *Gegenstand* zu finden; sie hat zu dem Namen einer Wissenschaft, den sie mit fragwürdigem Rechte trug, endlich die adäquate Sache hinzugewonnen: die Nation. Denn bis dahin arbeitete die Wissenschaft gleichsam unter einer falschen Firma. Ihr Gegenstand, ihr Subjekt, war nicht die Nation, sondern entweder das Schema von einem unwirklichen, ungeschichtlichen Wirtschaftsmenschen oder ein ebenso verschwommener Begriff von Gesellschaft oder gesellschaftlichen Gruppen und Beziehungen. Aber der Krieg und die weiteren Kriegsfolgen haben die Nation aus einer scheinhaften, mehr erschlossenen als durchgefühlten, aus einer sozusagen literarischen Idee einer präsumierten Einheit, aus einem »Ding an sich« zu einer jederzeit erlebbaren, aufzeigbaren Realität gemacht, und diese Nation als die Verbundenheit aller Staatsbürger, die sonst durch divergierende Interessen, Anschauungen u. a. getrennt sind, in eine durchgängige Schicksalsgemeinschaft höchst eindringlich glaubhaft gemacht.

Vor dem Kriege pflegten wir mit Vorliebe unsere Zeit als ein Zeitalter der Sekurität zu bezeichnen und meinten damit, daß, im Vergleiche zu früheren, in sich und von außen stärker gefährdeten Epochen, das Leben in der modernen, sogenannten bürgerlichen Gesellschaft sich mit einer geruhsamen Selbstverständlichkeit nach gleichsam mechanischen Gesetzen abspiele. Die Gesellschaft der verschiedenen modernen Staaten hatte sich mit einer Anzahl von sich selbst regulierenden, automatisch wirkenden Schutzdämmen und Ventilen umgeben, wobei schon die Veränderung des Bankzinsfußes um ein Prozent als ein bedeutsames Ereignis gebucht und lauttönend verkündet wurde. Die Grundlagen der europäischen Wirtschafts- und Gesellschaftsverfassung schienen unverrückbar und ein größtmögliches Maß von Stabilität, Sicherheit und Wohlbehagen zu gewähren. Dieser Sicherheit und Geborgenheit des Lebensgefühls entsprach eine Fixierung unserer gesellschaftlichen Begriffe, die sich mit den Tatsachen des Lebens schlecht genug vertrug. »Der« Mensch z. B., auf den die Nationalökonomie ihre Lehrsätze bezog und den sie zum Träger des wirtschaftlichen Geschehens und Fortschritts machte, war, näher betrachtet, gar kein lebendiger Mensch, sondern eine abstrakte Rechengröße von erstaunlicher Dürftigkeit und Simplizität der Motivierung, die als konstanter Faktor immer mit dem gleichen Wert in die Rechnung eingesetzt wurde, ein irrealer Bezugspunkt ohne eigentliche Wandlungsfähigkeit, wodurch von vornherein allen sogenannten nationalökonomischen »Gesetzen« der Stempel einer höchst fragwürdigen hypothetischen Gültigkeit aufgeprägt wurde. Wir haben vielleicht damals übersehen und nicht genug darauf geachtet, um welches Opfer dieses Gefühl der bürgerlichen Sekurität, die sich letztlich als das stärkste Bindemittel jener famosen »europäischen Solidarität« entpuppte, die im Kriege in die Brüche ging, erkauft war. Sie war, genau besehen, doch wohl eine Sekurität der besitzenden Schichten auf Kosten des Lebensgefühls der nichts als ihre Arbeitskraft besitzenden Proletarier. Nur, daß die Unsicherheit und Gefährdung der Proletarierwelt nicht so kraß in Erscheinung trat, solange der »gesunde« wirtschaftliche Fortschritt jede beliebige Menge von Arbeitskraft glatt absorbierte und unterbrachte, und solange der soziale Staat durch ein System von Sicherungen dem Proletariat oder wenigstens dem gelernten Arbeiter das wonnige Gefühl der Geborgenheit vorgaukelte. Bei dem allgemeinen Tempo des Lebens in der Vorkriegszeit wurde der riesige und ungeheuerliche Verschleiß an menschlicher Arbeitskraft nicht beachtet, der den proletarischen Industriearbeiter von vierzig Jahren als ausgepumpten Halbinvaliden auf das Pflaster warf, dessen Berufsschicksal und Lebenskurve von da ab ein Abstieg mit den traurigsten Aspekten war.

Dieses ganze Zeitalter der Sekurität ist zu Ende; es ist in einem Blutrausch erstickt, in einem Meer von Haß und Feindschaft untergegangen. Unsere sogenannte kapitalistische Wirtschafts- und Gesellschaftsordnung ist in ihre gefährlichste Krise eingetreten, deren Ausgang und Ende auch heute noch nicht abzusehen ist. Es ist eine um so gefährlichere Krise, weil sie vor allem anderen eine moralische Krisis ist und weil der Kapitalismus den Beweis zu erbringen hat, daß die Anklage, unter der er steht und die von Millionen geglaubt und vertreten wird: daß nämlich »der« Kapitalismus das Weltübel schlechthin sei, von dem die Welt nur durch den Sozialismus erlöst werden könne, unhaltbar ist. Das Verhängnis ist zu einem Teil, der Weite und der Tiefe nach, ein universales, zum anderen Teil ein besonderes für die besiegten Völker des Krieges. In der ganzen kapitalistischen Ökumene gibt es heute keine Klasse, ja kaum eine einzige Einzelperson, die von sich sagen könnte, sie fühle sich sicher und geborgen. Labil, schwankend, unsicher ist aller erworbene und ererbte Besitz. Die Besonderheit der Lage der besiegten Nationen aber besteht, um dies gleich hier zu sagen, darin, daß die Gesamtheit der Staatsbürger, die ganze Nation, den Siegern gegenüber sich in derselben Stellung befindet, in der sich vor dem Kriege die hilflosen Proletarier dem besitzenden Kapitalisten gegenüber befanden: in dem Zustand der offenen oder latenten Sklaverei. Unsicher ist jeder Besitztitel, erschüttert die ganze Eigentumsordnung, abgedrängt von den Produktionsmitteln und Ressourcen der Welt, sind die Besiegten ausgeschlossen aus der sogenannten Zivilisations-Kultur-Rechtsgemeinschaft, und der Schein von Selbstverfügung und Freiheit ist, weil rein formal und den tatsächlichen Machtverhältnissen widersprechend, wertlos. Selbst den kümmerlichsten Gnadenbeweisen, die hier und da geäußert werden, liegt fast durchweg die verruchte Klugheitserwägung zugrunde, daß man den Unterlegenen, Hilflosen pfleglich behandeln müsse, wenn man ihn auf die Dauer einträglich rupfen wolle. Damit an dem Vergleich gar nichts fehlte, hat man sich die Überzeugung selbst suggeriert oder suggerieren lassen, daß der Unglückliche nicht nur unglücklich sei, sondern daß er sein Mißgeschick als ein Minderwertiger von Natur aus mit Recht verdiene. Sein Unglück sei nichts als seine Schuld.

Man wagte es sogar, den hohen Begriff der Gerechtigkeit zu beschmutzen, um die Wollust der Macht mit bürgerlich gutem Gewissen genießen zu können.

Belloc, konservativ und national gesinnt, aber von einer geistigen Freiheit und Aufgeschlossenheit für die Forderungen der Gegenwart, die es in den gleichnamigen deutschen Kreisen seit Lagarde nicht mehr gegeben hat, stellt in diesem vor dem Kriege geschriebenen Buche die These auf, daß unser kapitalistisches System, d. h. in seinem Sinne eine Gesellschaftsordnung, die eindeutig charakterisiert ist durch die verfassungsrechtliche Gleichheit und Freiheit aller Staatsbürger und zugleich durch die Beschränkung des Eigentums und Kontrolle an den wesentlichen Produktionsmitteln auf eine kleine Minderheit von besitzenden Kapitalisten, während die große Mehrheit als besitzlose Proletarier auf den ständigen Verkauf ihrer Arbeitskraft zugunsten jener Minderheit von Besitzenden angewiesen ist, aus sich selbst sich nicht erhalten kann und zum Untergang bestimmt ist. Eine solche Gesellschaftsverfassung – so behauptet Belloc – kann nicht dauern, weil sie in dem Maße, insofern sie sich rein kapitalistisch entfaltet, an zwei unerträglichen Spannungszuständen zerbrechen muß. Diese Spannungen sind einmal der Widerspruch zwischen den geistig-moralischen Grundlagen, auf denen unser Staat beruht, und den gesellschaftlichen Tatsachen, die sich immer weiter von jenen Grundlagen unseres Rechts und unserer Tradition entfernen; sodann aber die Unsicherheit und Gefährdung der Lebensgrundlagen, zu denen die Mehrheit der Bevölkerung in einer kapitalistischen Gesellschaft verurteilt ist.

Er leugnet jedoch, daß der Sozialismus, d. h. eine ideale Gesellschaftsverfassung, in der Amtspersonen über die Produktionsmittel zu verfügen hätten, das Heilmittel von den Übeln des Kapitalismus sein könne, sondern er behauptet, daß sowohl Kapitalismus als auch Sozialismus einem dritten Zustand zustreben, nämlich dem Sklavenstaat, d. h. einer Gesellschaftsverfassung, die wesenhaft gekennzeichnet ist durch den rechtlichen Arbeitszwang, dem das besitzlose Proletariat zugunsten der produktionsmittelbesitzenden Kapitalisten unterworfen ist.

Jede historisch beglaubigte Wirtschaftsordnung – neben der Religion die stärkste formbildende Kraft der Gesellschaft – hatte ihr Schwergewicht, ihr Maß und Ziel in gewissen höheren Ordnungen und Normen, denen sie sich anzupassen hatte. Sie war in diesem Sinne stabil und gab ihren Mitgliedern unbeschadet ihrer größeren oder geringeren Elastizität gegen Belastungsproben ein Gefühl der Sicherheit der Lebensgrundlagen. Sie war mehr oder minder von innen und außen immun und wie für die Ewigkeit konstruiert. Der Kapitalismus (insbesondere als Industriekapitalismus) ist die erste nicht mehr heteronome, sondern autonome Wirtschaftsverfassung, die höchst labile, in jedem Augenblick von außen und innen gefährdete künstliche Gesellschaftszustände schafft; denn sie braucht, um reibungslos funktionieren zu können, außer einer Anzahl anderer, durchaus nicht selbstverständlicher Bedingungen (Rechtssicherheit, Friede, Lebensmittelreserven usf.) dauernd hilflose, gnadenlos zur Arbeitsleistung verurteilte Proletariermassen und stellt diese in jedem Augenblick vor die nackte Existenzfrage.

Jede frühere Gesellschaft war »ständisch« aufgebaut, d. h. sie beruhte auf einer den verschiedenen ökonomisch-gesellschaftlichen Funktionen entsprechenden Rechtsverschiedenheit der gesellschaftlichen Glieder; die kapitalistische Gesellschaft ist »klassenmäßig« organisiert, d. h. sie bindet bei prinzipieller, theoretischer, formaler Rechtsgleichheit aller Staatsbürger die Gesellschaftsglieder an ihre durch Besitz und Einkommen gegebene Lage.

Im Kapitalismus prägt die Wirtschaftsordnung die Gesellschaftsverfassung, sie materialisiert und ökonomisiert die gesellschaftlichen Kader und rangiert die einzelnen nach ihrer wirtschaftlichen Funktion. In jeder anderen Gesellschaftsverfassung ist die Gesellschaft, ihr Aufbau und ihre Gliederung nicht allein und nicht einmal vornehmlich von der Wirtschaft aus bestimmt, sondern zu vermuten, daß sich die Wirtschaft gewissen festbegründeten Ordnungen anzupassen, sich dienend unterzuordnen hatte. Alle vorkapitalistische Wirtschaft ist irgendwie gebundene, traditionsmäßige, autoritäre Wirtschaft, der Kapitalismus ist traditionsfreie Wirtschaft, die sich ihre eigenen Gesetze gibt, ohne Rücksicht auf das, was Herkommen, Tradition und andere Bindungen außer reinen Klugheitserwägungen fordern.

Insofern der Kapitalismus eine Gesellschaftsverfassung ist, die auf der politischen Freiheit und Gleichheit jedes einzelnen Staatsbürgers (mit dem materiellen Inhalt: Vertragsfreiheit, Rechtsgleichheit, politisches Vollbürgertum, Freizügigkeit usw.), zugleich aber auf der ökonomischen Unfreiheit und Ungleichheit der großen Mehrheit aller Staatsbürger beruht, ist er nach der Ansicht des Verfassers eine Episode, eine Übergangsphase zwischen zwei stabilen Gesellschaftsordnungen, einer vorkapitalistischen der Vergangenheit und einer künftigen, von der nur anzugeben ist, daß sie eine von den zwei Möglichkeiten sein wird: entweder wird diese künftige Gesellschafts- und Wirtschaftsordnung sein die Rebarbarisierung, d. h. in diesem Falle der Rückfall in die heidnische Sklaverei, oder sie wird bestehen in der Wiederherstellung der Besitz- und Eigentumsordnung des christlichen Mittelalters.

Den Sozialismus, der eine Bewegung in der Richtung des geringsten Widerstandes ist, läßt der Verfasser nicht als Heilmittel gegen die unhaltbaren Zustände, die der Kapitalismus geschaffen hat, gelten. Seine Argumente gegen diesen Lösungsversuch sind, obwohl sie noch aus der Vorkriegszeit stammen und vielfach durch die Kriegs- und Nachkriegserlebnisse ihre Schrecken für uns verloren haben, auch heute noch beachtenswert. Er legt dar, wie die Verwirklichung des Sozialismus ehrlich und offen nur auf dem Wege der entschädigungslosen Konfiskation der Produktionsmittel bei ihren gegenwärtigen Eigentümern technisch möglich ist. Alle anderen Kaschierungen und Maskierungen der Konfiskation sind mehr oder weniger frommer Volksbetrug. Gegen die Erschütterung und Zerstörung des privaten Eigentumsrechts aber lassen sich die gleichen Bedenken erheben wie gegen die partielle Entrechtung der Proletarier in der heute bestehenden kapitalistischen Gesellschaftsverfassung. Sie bedeutet im Endergebnis, daß die partielle Unfreiheit durch eine allgemeine ersetzt wird, sie ist die Umwechslung des Grundsatzes: den vielen nichts, den wenigen alles durch den anderen: keinem etwas. Sie ist die Aufhebung der Freiheit aller zugunsten einer höchst problematischen Gleichheit.

So scheint es, als ob es keinen anderen Ausweg aus den Schwierigkeiten der gegenwärtigen gesellschaftlichen Lage gebe als die Wiederaufrichtung des uralten Instituts der Sklaverei, um so mehr, als auch die sozialen Reformbestrebungen des modernen Staates, das ganze sozialpolitische Reformwerk der letzten fünfzig Jahre unserem Autor als Beweis für den Beginn des Sklavenstaates, den wir schon zu verwirklichen begonnen haben, erscheint. Denn alle sozialpolitischen Gesetze, die ein besonderes Arbeiterrecht schaffen, lassen sich als Ausnahmegesetze, als für Sklaven gültige Bestimmungen, d. h. als Schutzgesetze für Personen geminderter Freiheit deuten, in denen das Anerkenntnis liegt, daß in der kapitalistischen Gesellschaft ein besonderer Stand aufgerichtet ist, der nicht für sich selbst sorgen kann, der gesetzlich der Arbeitspflicht unterliegt und für den die Nutznießer der proletarischen Arbeit sorgen müssen. Nach Bellocs Ansicht ist das ganze soziale Arbeitsrecht nichts anderes als der systematische Versuch der kapitalistischen Oligarchie, dem höchst labilen Gefüge der kapitalistischen Wirtschafts- und Gesellschaftsorganisation die nötige Sicherheitsgrundlage und Standfestigkeit zu geben durch Aufrichtung des Sklavenrechts für die Besitzlosen. Das Proletariat, das bisher nur eine Klasse war, soll ein Stand eigenen Rechts werden und Sicherheiten empfangen, aber auch geben. Die Krönung und der logische Abschluß der ganzen sozialpolitischen Gesetzgebung muß die proletarische Arbeitspflicht, der staatlich sanktionierte Arbeitszwang sein. Alle Anzeichen, die schon vorhandenen Gesetze wie die gesetzgeberischen Tendenzen weisen in diese Richtung. Wir kehren zum Sklavenstaat zurück. Übrigens braucht diese Rückkehr zu einer Gesellschaftsordnung, die viele tausend Jahre bestanden hat und im Vergleich zu der unser moderner Kapitalismus eine Eintagserscheinung ist, nicht notwendig eine Verschlechterung der wirtschaftlichen Lage des Proletariats zu bedeuten; im Gegenteil: die Garantien, mit denen das Lohnarbeitsverhältnis umgeben wird, das ständische Sonderrecht befreit das proletarische Lebensgefühl von dem ärgsten Stachel und der nagenden Sorge: der Unsicherheit, nur daß der Proletarier seine »Freiheit«, mit der er ohnehin nichts anzufangen weiß, für die Sicherheit, die ihm gewährt wird, preisgibt. Es ist eine Ehrenfrage und keine ökonomische Frage, was dem Proletarier die staatsbürgerliche Freiheit, die er für die Garantie von Sicherheit und auskömmlicher Lebenshaltung hingibt, wert ist. Der Zwang, dem er auch ohnehin unterliegt, wird nun rechtlich stabilisiert und sanktioniert.

Nur einen einzigen Ausweg sieht Belloc, um der sonst unentrinnbaren Versklavung der Massen zu entgehen, aber die Chancen seiner Verwirklichung sind, wie er sich selbst eingesteht, gering. Dieser Ausweg heißt: nicht Zerstörung, sondern Befestigung des Eigentums. Nicht die Eigentumslosigkeit (wie der Sozialismus will), sondern das Eigentum soll verallgemeinert und gleichmäßig verteilt werden. Daher prägt er als Motto seiner Schrift den Satz: »Wenn wir nicht das Institut des Eigentums wiederherstellen, können wir nicht umhin, das Institut der Sklaverei wiederherzustellen; es gibt keinen dritten Weg.« Dem Proletariat den Zutritt zu den Produktionsmitteln wieder zu ermöglichen, es durch Besitz oder Mitbesitz an diesen von innen her aufzuheben, die alte Genossenschaftsidee wieder zu beleben, die Besitzlosen, wo es angeht, technisch möglich und ökonomisch sinnvoll ist, wieder grundbesitzfähig zu machen durch Schaffung neuer, zusätzlicher Produktionsmittel, nicht durch Aufteilung und Beschlagnahme der vorhandenen Ergiebigkeits- und Nutzungsquellen soll die Sklaverei vermieden und der freie Bürger vor der moralischen und geistigen Verelendung gerettet werden.

Es gehört nicht hierher, zu untersuchen, welche Aussichten auf Verwirklichung ein solcher Lösungsversuch, der noch mehr eine Revolutionierung der Gesinnungen als der materiellen Bedingungen bedeutet, im Vergleich zu der das sozialistische Experiment ein Kinderspiel wäre, in der gegenwärtigen Gesellschafts- und Wirtschaftsverfassung haben kann; auch nicht, ob dieser Weg der einzige ist, auf dem sich die Tendenz zum Sklavenstaat mit Erfolg vermeiden läßt, sowenig wie hier das geschichtliche Idealbild, das von den Wirtschaftszuständen des Mittelalters entworfen wird, Gegenstand kritischer Nachprüfung sein soll. Es genügt, daran zu erinnern, daß selbst der radikalste Versuch, den Sklavenstaat zu vermeiden, nämlich die Zerschlagung des Staates selbst, keine Gewähr bietet, daß dadurch die Sklaverei vermieden wird. Wir wissen aus der Geschichte, daß auch bei theoretischem und religiös sanktioniertem Agrarkommunismus und prinzipieller Unzulässigkeit des Privateigentums an Grund und Boden eine Feudalität und sklavenähnliche Zustände möglich sind, die, wenn auch nicht an Härte der Gesinnung, so doch an Strenge der Pflichten und Zwang zur Arbeit der kapitalistischen Herrschaftsordnung nicht nachstehen.

Es wäre überhaupt nicht angebracht, an dieser Stelle gegen Einzelheiten dieses von einer hohen Gesamtanschauung getragenen Werkes zu polemisieren. Der Haupteinwand, den man gegen den Verfasser erheben könnte, scheint mir zu sein, daß er in den verschiedenen Wirtschafts- und Gesellschaftsverfassungen allzusehr willkürliche Schöpfungen der menschlichen Klugheit, ja eines bösen Machttriebs sieht, statt in ihnen Anpassungsvorgänge höherer Ordnung an gewisse konkrete Tatbestände, in die menschliche Gemeinschaften und Staaten durch ihr historisches Schicksal hineingestellt werden, zu erblicken. Ein Wirtschaftssystem wie das kapitalistische kann in stärkstem Maße der Betätigung schlimmer Instinkte der Menschennatur Spielraum gewähren, aber es erschöpft seinen historisch-biologischen Sinn, seine Idee nicht darin, sondern in dem, was es effektiv leistet, um gewisse gegebene Lebensschwierigkeiten zu überwinden oder zu erleichtern. Nur im Vorbeigehen wollen wir uns ausdrücklich dagegen verwahren, daß die ganze deutsche Sozialpolitik als ein Versuch, den Sklavenstaat wieder aufzurichten, mißgedeutet werde. Wenn der Verfasser diese Tendenzen zur Wiedereinführung der Sklaverei im englischen und im preußischen Staate am stärksten verwirklicht findet, so haben wir ein Recht darauf hinzuweisen, daß die Idee oder Ideologie der deutschen Sozialpolitik jedenfalls eine ganz andere und von vornherein auf ein ganz anderes Ziel gerichtet gewesen ist als auf die Wiedereinführung der Sklaverei. Es geht nicht an und es muß dagegen protestiert werden, die deutsche Sozialpolitik als eine offene oder geheime Verlogenheit, als ein Blendwerk diabolischer Niedertracht oder unseliger Dummheit hinzustellen. Die Motive und Antriebe zur Sozialpolitik sind allerdings bei den verschiedenen Nationen des sogenannten europäischen Kulturvereines verschieden gewesen,[4] und wenn unser Autor seine Interpretation aus der Kenntnis der Mentalität der englischen Staatsmänner ableitet, so dürfen wir mit gutem Gewissen die Übertragung dieser Deutung auf deutsche Verhältnisse als unzulässig erklären.

Der eigentliche Grund nun, der mich veranlaßt hat, im Jahre 1920 dieses Buch zu übersetzen, und den ich oben schon angedeutet habe, war die Erkenntnis, daß den Ausführungen des Verfassers eine gewisse beziehungsreiche, symbolische Bedeutung für das Verständnis der deutschen Lage innerhalb der gegenwärtigen Welt zukommt. Was hier nämlich von England als einem Typus eines industriekapitalistischen Landes behauptet wird: daß der Kapitalismus mit innerer Notwendigkeit die Sklaverei aus sich erzeuge und daß England sich schon mitten auf dem Wege zur Wiedereinführung der Sklaverei befinde – das gilt heute nach den Erfahrungen des Weltkrieges, auf den kein Weltfriede folgte, in verstärktem Maße und mit mehr Recht von Europa als einem Ganzen. Das Gespenst der Versklavung als eines stabilen Zustandes, dem die Gesellschaft der

4 Vgl. meine Schrift: *Die Rechtfertigung der Sozialpolitik*, Heidelberg 1914.

kapitalistischen Wirtschaftsstaaten zustreben, schleicht heute nicht mehr als bloßes Gespenst durch die Welt, sondern ist als das Organisationsprinzip – nicht der nationalen Gesellschaft, sondern der europäischen Völker in ihrem Verhältnis zueinander anerkannt und eingeführt worden.

Es ist die schlechthin primäre, wesentliche Eigentümlichkeit des neuen Weltzustandes, daß innerhalb des abendländischen Zivilisationskreises, innerhalb der europäischen Kulturgemeinschaft selbst, die man die christliche nannte, Sklavenstaaten geschaffen wurden, die alle Merkmale des Sklaventums an sich tragen. Der Friede von Versailles ist die Magna Charta, die diesen Zustand als ein Grundrecht des europäischen Lebens festgelegt und jene Polarisation der europäischen Völker zu einer Rechtsnorm des europäischen Gemeinschaftslebens gemacht hat. Jede Betrachtung, die nicht von dieser schlechthin grundlegenden Tatsache ausgeht, würde an dem wesentlichen Kennzeichen der gegenwärtigen Weltlage vorbeigreifen.

So lautet die vordringliche Frage für Deutschland heute nicht: wie und wodurch kann das deutsche *Proletariat,* sondern wie und wodurch kann die deutsche *Nation* (samt dem deutschen Proletariat) aus der Sklaverei erlöst werden, in die sie hineingestoßen wurde? Diese Frage ist aber zugleich eine europäische; denn aus der Antinomie zwischen Moral und Macht, aus dem Mißverhältnis zwischen Sicherheitsbedürfnis und Zerstörung jeglichen Sicherheitsgefühls entstehen jene gefährlichen Spannungszustände, denen weder eine einzelne Gesellschaft, noch ganz Europa als Einheit auf die Dauer gewachsen sein dürfte. Ob die europäische Welt aus dem moralischen und ökonomischen Zusammenbruch, in dem sie sich befindet, sich wieder herauswinden wird, wissen wir nicht. Kein Staatsanwalt, kein Areopag der Staatsmänner und auch nicht die Zunft der Gelehrten werden darüber entscheiden, sondern ganz andere Kräfte. Für uns Deutsche ergibt sich einstweilen als Richtschnur des Handelns, daß ebensowenig wie wir als Nation die Sklaven anderer Völker sein wollen, wir auch wünschen können, daß innerhalb der Nation sich einzelne Klassen als die Sklaven anderer Klassen fühlen. Die Stabilität und Sekurität, nach der jede Wirtschafts- und Gesellschaftsordnung strebt, das Gleichgewicht, das sie zu erreichen sucht, beruht weniger auf den zweckhaften Ordnungen und Satzungen, die der Staat oder die Gesellschaft sich gibt, als auf dem lebendigen und wachen Gefühl der einzelnen Teile der Gesellschaft, sie ist mehr eine erfühlte und innerliche als eine materielle und derb greifbare Angelegenheit. In welcher Richtung immer wir daher die Lösung suchen, keine einzige wird Bestand haben, der es nicht gelingt, die *inneren* Reibungen, Gegensätze, Entfremdungen zwischen den Gliedern der nationalen Gesellschaft zu vermindern und jenes Mindestmaß von Vertrauen der einzelnen in den guten Willen aller anderen zu gewinnen, ohne das die Gesellschaft überhaupt nur ein mühsam unterdrückter Kampf aller gegen alle ist.

Oktober 1924 Arthur Salz

Vorrede des Verfassers zur zweiten Auflage

Die Veranstaltung einer zweiten Auflage dieses Buches darf dem Verfasser vielleicht zur Entschuldigung dienen, daß er in Form einer Vorrede ein paar Worte über die These dieses Buches und die Methode der Behandlung einfügt.

Es erscheint ihm dies um so notwendiger, weil eine sorgfältige Beachtung der Kritiken und sonstigen Meinungsäußerungen über dieses Buch den Verfasser überzeugt hat, daß seine Behauptungen zum Teil mißverstanden worden sind. Es wäre schade, solche schiefe Auffassungen im Texte eines in sich abgeschlossenen Buches richtigzustellen; ein paar Worte in Form einer Vorrede dürften für diesen Zweck genügen.

Zunächst möchte ich darauf hinweisen, daß der Gedankengang meines Buches nichts mit dem gewöhnlich gegen die Sozialisten (d. h. Kollektivisten) erhobenen Einwand zu tun hat, daß das Leben in einem sozialistischen Staate so vielen Reglementierungen und Verordnungen unterworfen wäre, daß es unerhört drückend wäre. Mit diesem Einwand, der häufig gegen die von den Sozialisten geforderten Reformen erhoben wird, habe ich es in diesem Buche nicht zu tun, er kann meinen Gegenstand in keinem Punkte treffen. Dieses Buch behandelt nicht den sozialistischen Staat. Es ist allerdings das Kernstück meiner These, daß wir tatsächlich ganz und gar nicht dem Sozialismus entgegengehen, sondern einem davon ganz verschiedenen Gesellschaftszustand, nämlich einer Gesellschaft, in der die Klasse der Kapitalisten nur noch mächtiger und weit sicherer gestellt sein wird als in der Gegenwart, einer Gesellschaft, in der die Masse der Proletarier nicht unter einzelnen Regulierungen, seien sie lästig oder nützlich, zu leiden haben wird, sondern in der sie ihren Stand oder Status wechseln, in der sie ihre heutige rechtliche Freiheit einbüßen und zur Zwangsarbeit verurteilt sein wird.

Sodann bitte ich meine Leser, zu glauben, daß ich diese These nicht als Warnung oder als ein Stück Schwarzmalerei aufzustellen versucht habe. An keiner Stelle dieses Buches sage ich, daß die Wiedereinführung der Sklaverei im Vergleich mit unserer gegenwärtigen Unsicherheit etwas Schlechtes wäre, und niemand hat das Recht, eine solche Meinung aus meinem Buche herauszulesen. Im Gegenteil: ich sage deutlich genug, daß nach meiner Auffassung die Tendenz zur Wiederherstellung der Sklaverei sich gerade daraus erklärt, daß die neuen Verhältnisse als erträglicher empfunden würden als die Lebensverhältnisse im Kapitalismus. Welcher Gesellschaftszustand füglich den Vorzug verdient – die Wiederherstellung der Sklaverei oder die Beibehaltung des Kapitalismus –, gäbe reichlichen Stoff für ein zweites Buch; aber diese Alternative steht in diesem Bande und bei der hier aufgestellten These nicht zur Erörterung.

Schließlich möchte ich diejenigen meiner Leser, die überzeugte Sozialisten sind, bitten, meine Meinung darüber, wohin ihre Bewegung schließlich führt, nicht falsch zu verstehen. Der ehrlichste und beste Schriftsteller unter den englischen Sozialisten schrieb von diesem Buche, der Autor habe die »Sozialreform« der sozialistischen Berufspolitiker mißverstanden; denn während diese »Sozialreform« zwar zur Wiederherstellung der Zwangsarbeit zugunsten einer besitzenden Klasse führen könnte, liege doch dem Sozialismus jede solche Absicht oder Tendenz fern.

Nun aber habe ich nie etwas so Irriges behauptet. Ich habe in diesem Buche nur gesagt, daß die Absicht der Sozialisten (etwas sehr Einfaches und Klares: die Überführung der Produktionsmittel in die Hand staatlicher Gewalten, als Vertrauensmänner oder Treuhänder für die Allgemeinheit) in der Wirklichkeit und Praxis nicht erreicht wird; daß wir – und *dies ist eine Tatsache* – nicht dem kollektiven Eigentum der Produktionsmittel entgegengehen, sondern daß wir uns mit Riesenschritten einem Zustand nähern, in welchem Zwangsarbeit für eine unfreie Mehrheit von Nichtbesitzenden zum Vorteil einer freien Minderheit von Besitzenden gilt. Und ich behaupte, daß diese Tendenz sich daraus erklärt, daß das sozialistische Ideal, im Widerstreit mit dem Kapitalismus und doch ihn gestaltend, etwas vom sozialistischen Ideal sehr verschiedenes

Drittes hervorbringt, nämlich – den Sklavenstaat. Es ist wichtig, diesen Punkt klar zu erfassen, wozu vielleicht folgender Vergleich am besten dient.

Ein Reisender, in dem dringenden Wunsche, dem kalten Gebirgsklima zu entfliehen, faßt den einleuchtenden Entschluß, in den Süden zu reisen, wo er tieferliegendes und wärmeres Land zu finden hofft. Von diesem Vorsatz erfüllt, findet er einen Fluß, der in südlicher Richtung fließt und sagt sich: »Wenn ich auf diesem Fluß abwärts fahre, werde ich mein Ziel um so sicherer erreichen.« Jemand aber, der die Beschaffenheit dieser Gebirgsgegend studiert hat, könnte ihm sagen: »Du irrst. Das eigentliche Übel, dem du zu entfliehen trachtest, das Gebirge, ist so gelagert, daß dieser Fluß nach kurzem Laufe wieder nach Norden abbiegen muß. Ja, wenn du deinen Kompaß ansiehst, wirst du sehen, daß die starke Krümmung schon begonnen hat.«

Der Reisende ist der Sozialist. Der Süden, das Ziel seiner Sehnsucht, ist der kollektivistische Staat. Der Fluß ist die moderne »organisierte Reform«. Das nördliche Land, wo der Gebirgsfluß schließlich ein ruhiges Bett finden wird, ist eine Gesellschaft, die auf Zwangsarbeit aufgebaut ist.

Wer so zu dem Reisenden spricht, würde weder die Ehrlichkeit seines Strebens nach dem Süden noch seinen Glauben, daß der Fluß ihn dahin führen werde, in Abrede stellen; was er allein in Abrede stellt, wäre nur dies, daß der Fluß ihn dahin führen werde.

Dieser Vergleich hinkt nur insofern, als unser Reisender, seinen Irrtum erkennend, den Fluß verlassen und den Süden auf dem Landwege erreichen könnte. Dies würde für den Sozialisten einer kühnen Politik der Vermögensbeschlagnahme entsprechen, einer Wegnahme der Produktionsmittel aus den Händen ihrer jetzigen Eigentümer und ihrer Überantwortung in die Hand des Staates zu treuen Händen der Allgemeinheit.

In meinem Buche leugne ich an keiner Stelle, daß dies ideell möglich ist, genau so, wie es ideell möglich ist, daß morgen früh alle Engländer ein vierundzwanzigstündiges Stillschweigen geloben und durchführen. Was ich behaupte, ist, daß nichts dergleichen oder etwas annähernd Ähnliches jemals geschehen ist oder jetzt geschieht. Und ich sage weiter – und das ist äußerst wichtig –, daß mit jedem Schritt, den wir in der bestehenden Richtung einer Veränderung in unserer Wirtschaftsgesellschaft vorwärts tun, es immer schwerer wird, solche Schritte wieder ungeschehen zu machen, die einmal eingeschlagene Methode aufzugeben und das kollektivistische Ideal zu verfolgen. Der Weg der Konfiskation, der einzige Weg, wie die Sozialisten ihr Ziel erreichen können, wird mit jeder neuen, positiven wirtschaftlichen Reform immer ungangbarer, wobei zu betonen ist, daß diese Reformen unter Mitwirkung und auf den Rat der Sozialisten selbst erfolgen.

Dies aber sind, wie ich glaube, die drei Hauptpunkte, bezüglich deren es Mißverständnisse gab, die jetzt hoffentlich geklärt sind. Um zu wiederholen:

1. Das Mißverständnis, ich hätte das Wort »sklavisch« oder »Sklave« in rhetorischem Sinne gleich »widerlich«, »lästig«, »unausstehlich« verwendet, während ich mich streng in den Grenzen meiner Begriffsbestimmung zu halten bemüht habe: diejenige Arbeit ist »Sklavenarbeit«, die geleistet wird nicht in Erfüllung eines freien *Vertrages,* sondern unter dem *Zwange* des positiven Rechtes und die den *Stand* der Arbeiter berührt, eine Arbeit, die geleistet wird zum Vorteil anderer, auf denen kein solcher Zwang lastet.
2. Das Mißverständnis, ich wollte mit dem Nahen des Sklavenstaates ein Warnungs- oder Notsignal geben. Ich setze in diesem Buche auseinander, wie und warum wir *tatsächlich* diesem Zustand entgegengehen, nicht aber, ob wir ihm entgegengehen *sollen.*
3. Das Mißverständnis, ich hätte die Ziele und Überzeugungen der Sozialisten falsch gedeutet. Diese Ziele und Überzeugungen sind einfach genug; ich befasse mich hier nicht damit, sie als imaginär und fragwürdig erscheinen zu lassen, sondern will zeigen, daß wir in der

tatsächlichen Wirklichkeit nicht diesen Kurs einschlagen und daß die Folge der sozialistischen Lehre für die kapitalistische Gesellschaft die ist, daß ein von den beiden Erzeugern verschiedenes, drittes Wesen geschaffen wird: der Sklavenstaat.

Abgesehen von diesen drei Hauptpunkten, muß ich im Hinblick auf gewisse weniger kluge Kritiker meines Buches noch einen oder zwei andere Punkte berühren.

So z. B. ist meine Behauptung, die Sklaverei habe sich nur langsam umgebildet und der alte heidnische Sklavenstaat habe sich unter dem Einfluß der katholischen Kirche langsam in einen Staat mit gleichmäßiger Eigentumsverteilung verwandelt, nicht ein Ergebnis meines eigenen Parteistandpunktes, die ich nur aufgestellt habe, um meinen Glaubensgenossen zu gefallen. Sondern diese Behauptung ist vielmehr ein Stück eines geschichtlichen Tatbestandes, den jeder nachprüfen kann, und den viele nicht als einen Vorteil, sondern als einen Schaden betrachten, den die Menschheit durch die Entstehung dieser Religion erlitten habe. Ganz gleich, ob das Institut der Sklaverei etwas Gutes oder Schlimmes war, tatsächlich verschwand sie langsam in dem Maße, als die christliche Kultur sich entwickelte, und es ist weiter eine Tatsache, daß sie langsam dort wiederkehrt, wo die katholische Kultur zurückgeht.

Ich habe auch nicht behauptet, daß das Ziel eines vollkommen freien Staates mit gleichmäßiger Verteilung der Produktionsmittel, der vollkommen freie »distributive Staat« jemals erreicht worden ist. Ich habe nur gesagt, daß ein solcher Staat in Bildung begriffen war, als das Auseinanderbrechen unserer europäischen Einheitskultur im 16. Jahrhundert diese Entwicklung störte, und daß dadurch, insbesondere in England, das Saatkorn des Kapitalismus gelegt wurde.

Ein anderer Punkt. Wenn sich heute bei uns staatliche Regulierung und staatliche oder kommunale Erwerbsunternehmungen in sehr rasch zunehmendem Maße immer weiter entwickeln, so ist das offenbar kein Gegenbeweis für meine Behauptungen. Wenn und solange diese Unternehmungen nicht grundsätzlich auf Vermögenskonfiskation beruhen, so sind sie ebensowenig ein Beweis für den Sozialismus, wie die Entzündung von Schießpulver ein Beweis für Krieg ist. Sie beweisen für »sozialistische Bestrebungen« oder für den »Beginn des Sozialismus« oder »sozialistische Versuche« ebensoviel oder ebensowenig wie ein Feuerwerk im Kristallpalast für »militärische« Bestrebungen oder »militaristische Anfänge« oder für »militaristische Versuche«. Gewiß gehören zum Sozialismus solche Regulierungen und solche kommunalen Unternehmungen genauso, wie zum Kriege die Explosion von Schießpulver gehört; aber sie sind keineswegs das Wesentliche. Das Wesen des Sozialismus besteht darin, daß dem Staate übereignet wird, was jetzt Privateigentum ist. Wenn kommunale und staatliche Unternehmungen samt den dazu gehörigen kommunalen und staatlichen Regulierungen nicht auf Konfiskation, sondern auf Anleihen begründet werden, ja wenn diese Anleihen nur dazu dienen, um die Vermögensbeschlagnahme *zu vermeiden,* so ist das die Verneinung des Sozialismus, und ich habe gezeigt, daß die Versuche, den kapitalistischen Charakter solcher Verfahrungsweisen durch den Apparat der Tilgungsquoten und ähnliches zu verschleiern, logisch wertlos sind. Man kann den Kapitalismus nicht »auskaufen«, d. h. man kann nicht entgeltlich sozialisieren.

Ich brauche nicht auszuführen, welche Schritte schon in der kurzen Zeit seit dem Erscheinen der ersten Auslage dieses Buches in der hier angedeuteten Richtung unternommen wurden. In einer großen Industrie haben wir schon Lohnämter; wir werden diese bald in mehreren Industrien haben. Wir haben schon die Registrierung des Proletariats mit Angaben über Namen, Adresse, Ortsveränderungen, Art der Krankheiten, angebliches oder wirkliches »Simulantentum«, lasterhafte Neigungen (z. B. Alkoholismus), Familienleben, Art der Beschäftigung usf. in nahezu idealer Vollständigkeit, wobei zu sagen ist, daß *diese Angaben von den vermögenden Klassen geliefert werden, die jene Kopfsteuer, auf der die Registrierung beruht, tatsächlich erheben.* Wir haben in den Arbeiterbörsen ein System, das bald ebenso in sich abgeschlossen sein wird und dank welchem jede zum Proletariat gehörige Person schließlich in ähnlicher Weise als ein Arbeiter registriert sein wird. Man wird dann genau wissen, ob der Betreffende dazu neigt, sich gegen das Kapital aufzulehnen, und wie oft er diese Neigung betätigt hat, wieweit er willig ist, dem Kapital Dienste zu leisten, ob und wann er seine Dienste verweigert hat und gegebenenfalls, wo und wann dies geschehen ist.

Der Leser wird in den Ereignissen und Gegenwirkungen der unmittelbar bevorstehenden Jahre die langsame Vervollkommnung dieses Systems mit Interesse verfolgen können: Registrierung und Kontrolle des Proletariats mit der notwendigen und verhängnisvollen Annäherung an den reinen Arbeitszwang. Aber um meinem Buche gerecht zu werden, darf ich wohl den Leser auch auf den Sinn der letzten Seiten verweisen. Es vollzieht sich kein Wandel in der europäischen Gesellschaft bis zum Ende, ohne daß ganz Europa davon ergriffen würde. Der Kapitalismus ist keine so universale Erscheinung; er hat sich in den verschiedenen Teilen Europas in sehr verschiedenen Stärkegraden entwickelt. Der Satz, daß wir die Sklaverei bekommen, gilt für die verschiedenen Teile der europäischen Gesellschaft mit verschiedenem Wahrscheinlichkeitsgrad. Es leuchtet ein, daß ein Vorbild von wirtschaftlicher Freiheit in anderen Ländern künftig die Teilgebiete des europäischen Lebens, die der Wiederherstellung der Sklaverei zustreben, umwandeln und ganz sicher dieser Tendenz Grenzen setzen wird. Aber die Tendenz zur Wiederaufrichtung der Sklaverei selbst als einer aus dem Kapitalismus notwendig folgenden Entwicklung liegt offen zutage überall da, wo der Kapitalismus Macht hat, und nirgendwo mehr als in England.

Kings Land, Shipley.
Horsham, Sussex. H. Belloc

Einleitung

Der Gegenstand dieses Buches

Die These, die ich in diesem Buche aufstelle und beweisen will, lautet: Unsere freie moderne Gesellschaft, in der einige wenige das Eigentum an den Produktionsmitteln haben, befindet sich notwendig im labilen Gleichgewicht und hat die Tendenz, eine stabile Gleichgewichtslage dadurch zu erreichen, *daß den Produktionsmittelbesitzern ein vollgültiger Rechtsanspruch auf gesetzliche Arbeitspflicht der Schichten, die keine Produktionsmittel besitzen, erteilt wird.* Indem gegen die Besitzlosen dieses Prinzip des Zwangs angewendet wird, muß sich auch ihr Status, ihr Stand ändern; vom Standpunkt der Gesellschaft und ihres positiven Rechts werden sich die Menschen in zwei Gruppen teilen: 1. die wirtschaftlich und politisch Freien, im Besitz von Produktionsmitteln und in diesem Besitze geschützt und gesichert, und 2. die wirtschaftlich und politisch Unfreien, die eben wegen der mangelnden Freiheit zunächst ökonomisch eine Garantie gewisser Lebensnotwendigkeiten erhalten würden, so daß sie nicht unter ein Mindestmaß an Wohlstand herabsinken können.

Wenn eine Gesellschaft eine solche Verfassung erreicht hätte, so wäre sie von ihren gegenwärtigen inneren Schwierigkeiten erlöst und hätte eine stabile Form erhalten, d. h. eine Form, in der sie für unbestimmt lange Zeit ohne Veränderung verharren könnte. In ihr wären die verschiedenen Unbeständigkeitsfaktoren, welche in steigendem Maße die *kapitalistisch* genannte Gesellschaftsform stören, verschwunden, und die Menschen würden eine solche Anordnung sich gefallen lassen und darin beharren.

Eine solche stabile Gesellschaftsordnung nenne ich aus im zweiten Abschnitt zu erörternden Gründen den Sklavenstaat. Ich fälle kein Werturteil darüber, ob diese Organisation, der sich unsere moderne Gesellschaft annähert, gut oder schlecht ist. Es liegt mir nur daran, zu zeigen, daß eine solche Tendenz schon seit langem notwendig vorhanden ist und daß die neueren sozialen Einrichtungen beweisen, daß diese Gesellschaftsverfassung schon tatsächlich begonnen hat.

Dieser neue Zustand wird von All denjenigen, die bewußt oder auf Umwegen die Wiederherstellung eines Standesunterschiedes zwischen Besitzenden und Richtbesitzenden anstreben, begrüßt werden; er wird abgelehnt werden von denjenigen, die einen solchen Unterschied mit Mißbehagen oder Schrecken betrachten. Es ist nicht meine Absicht, mich in eine Erörterung des Streites zwischen diesen zwei Typen moderner Denker einzulassen, sondern ich will jeder Partei einzeln und beiden zusammen zeigen, daß das, was der eine begrüßt und der andere flieht, als ein Gegenwärtiges schon da ist.

Meine These will ich insbesondere an der Wirtschaftsgesellschaft Großbritanniens beweisen, einschließlich des kleinen, fremdartigen und eigenartigen Winkels, Irland genannt, das die wirtschaftlichen Bedingungen der Gegenwart genießt, beziehungsweise darunter leidet.

Ich gliedere den Stoff wie folgt:

1. Einige grundlegende Definitionen.
2. Darstellung des Instituts der Sklaverei und des *Sklavenstaats,* dessen Grundlage jene ist, in der alten Welt. Sodann werde ich:
3. ganz kurz skizzieren, auf welche Weise diese uralte Einrichtung der Sklaverei allmählich während der christlichen Jahrhunderte abgeschafft wurde und wie das daraus entspringende mittelalterliche Lebenssystem, das auf einer weitgehenden Teilung des Eigentums an den Produktionsmitteln beruhte,
4. als es seine Vollendung erreicht hatte, in gewissen Teilen Europas zusammenbrach und wie es in der Praxis, wenn auch nicht in der Rechtstheorie, abgelöst wurde von einer auf dem *Kapitalismus* beruhenden Gesellschaftsverfassung

5. Sodann werde ich zu zeigen haben, wie der Kapitalismus seinem Wesen nach unstabil ist, weil die ihm entsprechende gesellschaftliche Wirklichkeit allen bestehenden oder möglichen Rechtssystemen widerstreitet und weil seine Wirkungen: das Versagen ausreichender *»Nahrung«* und *»Sicherheit«* für Menschen unerträglich ist; wie er eben wegen seiner Unbeständigkeit, seiner *Labilität* ein Problem, das Lösung verlangt, stellt: nämlich die Begründung einer stabilen Gesellschaftsform, worin Recht und soziale Praxis einander entsprechen und deren wirtschaftliche Resultate der menschlichen Natur erträglich sind, indem sie ausreichende »Nahrung« und »Sicherheit« gewährleisten.
6. Hierauf werde ich die drei möglichen Lösungsversuche vorführen:
   a) den Kollektivismus, d. h. die Produktionsmittel werden den Staatsbehörden der betreffenden Gemeinschaft überantwortet;
   b) das Eigentum, d. h. die Wiederherstellung eines Zustandes der Verteilung, bei dem die Masse der Bürger gesondert die Produktionsmittel besitzen;
   c) Sklaverei oder einen Sklavenstaat, in welchem diejenigen, die keine Produktionsmittel besitzen, gesetzlich gezwungen werden, für die Produktionsmitteleigentümer zu arbeiten und als Entgelt die Sicherheit für ihren Lebensunterhalt empfangen. Im Hinblick darauf, daß uns die Überreste unserer langen christlichen Tradition vor der Befürwortung der dritten Lösung, d. h. die offene Empfehlung der Wiedereinführung der Sklaverei, einen gewissen Abscheu einflößen, so kommen für Reformen nur die beiden ersten Lösungen in Betracht: 1. eine Reaktion in der Richtung, um einen Zustand gleichmäßiger Verteilung des Eigentums herbeizuführen: der *distributive Staat* oder 2. der Versuch, das Ideal des *kollektivistischen Staates* zu verwirklichen.
   Es ist leicht zu zeigen, daß diese zweite Lösung die am

meisten naturgemäße und die leichteste ist für eine schon kapitalistische Gesellschaft, weil es für eine solche Gesellschaft schwierig wäre, die Kraft, den Willen und den Vorbedacht aufzubringen, die für die erste Lösung erforderlich wären.

7. Ich werde sodann dazu übergehen, zu zeigen, wie das Streben nach dem idealen kollektivistischen Staat, das dem Kapitalismus entspringt, die Menschen dazu bringt, auf eine kapitalistische Gesellschaft einzuwirken, nicht in der Richtung, um diesen kollektivistischen Staat oder etwas ihm ähnliches zu verwirklichen, sondern daß sie hinwirken auf jenes Dritte, ganz und gar davon Verschiedene: auf den *Sklavenstaat.*
   Diesem achten Abschnitt füge ich einen Anhang bei, der zeigt, daß der Versuch, den Kollektivismus allmählich durch Sozialisierung zu verwirklichen, auf Illusion beruht.
8. In der Erkenntnis, daß ein theoretisches Räsonnement dieser Art, obschon es dem Verstand einleuchtet, doch zum Beweis meiner These nicht ausreicht, gebe ich zum Schluss einige Beispiele aus der modernen englischen Gesetzgebung, die zeigen, dass der Sklavenstaat bereits angebrochen ist.

Hiermit habe ich den Grundriß für mein Buch gezeichnet.

Erster Abschnitt

Definitionen

Wie jeder andere Organismus kann auch der Mensch nur leben, indem er seine natürliche äußere Umgebung zum eigenen Nutzgebrauch umformt. Er muß sein Milieu aus weniger zweckdienlichen Formen in für seine Bedürfnisse zweckmäßigere Formverhältnisse umwandeln.

Diese besondere, bewußte und einseitige Formveränderung seiner Umgebung, die der menschlichen Vernunft und schöpferischen Fähigkeit eigentümlich ist, nennen wir *Güterproduktion.*

Güter sind Materie, die bewußt und einsichtig aus ihrem ursprünglichen Zustand so umgeformt worden ist, daß sie nach der Umformung ein menschliches Bedürfnis zweckentsprechend befriedigt.

Ohne *Güter* kann der Mensch nicht leben. Die Güterproduktion ist eine absolute Notwendigkeit für den Menschen, und obschon der Mensch von der dringlicheren zu weniger dringlichen und schließlich zu der sogenannten Luxusgüterproduktion fortschreitet, so gibt es doch in einer gegebenen menschlichen Gesellschaft immer eine bestimmte Art und eine bestimmte Menge von Gütern, ohne welche menschliches Leben nicht möglich ist; so z. B. im heutigen England gewisse Formen sorgfältig zubereiteter Nahrung, Kleidung, Heizung und Wohnung.

Daher bedeutet die Verfügung über die Güterproduktion zugleich Verfügung über das menschliche Leben selbst. Einem Menschen die Möglichkeit zur Güterproduktion verweigern, bedeutet, ihm die Lebensmöglichkeit selbst abschneiden. Im allgemeinen ist die Art, wie die Güterproduktion durch das Recht gestaltet ist, auch die einzige Art, wie die Bürger rechtmäßig existieren können. Güter können nur produziert werden, indem menschliche, sei es geistige oder leibliche, Energie auf die uns umgebenden Naturkräfte und auf den Stoff, den diese Kräfte gestalten, angewendet wird.

Diese so auf die materielle Welt und ihre Kräfte angewendete menschliche Energie nennen wir *Arbeit.* Die Materie selbst aber und diese natürlichen Kräfte bezeichnen wir mit einem etwas zu engen, aber allgemein gebräuchlichen Ausdruck als: *Grund und Boden.* Es könnte somit scheinen, daß alle mit der Güterproduktion zusammenhängenden Fragen und alle diesbezüglichen Erörterungen sich nur auf zwei grundsätzlich originäre Faktoren beziehen: Arbeit und Grund und Boden. Aber die bewußte, kunstvolle und vernünftige Wirkung des Menschen auf die Natur, die ihm allein unter allen Lebewesen eigentümlich ist, bringt noch einen dritten Faktor von größter Bedeutsamkeit hinzu.

Der Mensch schreitet dazu fort, Güter mittels sinnreicher Methoden von wechselnder und immer zunehmender Mannigfaltigkeit herzustellen, indem er sich durch Konstruktion von *Werkzeugen* helfen läßt. Diese werden nun alsbald in jedem neuen Produktionszweig für diese Produktion genau ebenso wichtig wie *Arbeit* und *Grund und Boden.* Weiter: jeder Produktionsprozeß beansprucht eine gewisse Zeit; während dieser Zeit muß der Produzent ernährt, gekleidet, untergebracht usw. werden. Es muß darum einen *aufgespeicherten Gütervorrat* geben, der, in der Vergangenheit geschaffen, dem Zwecke vorbehalten wird, die menschliche Arbeit zu erhalten, während sie für die Zukunft produziert.

Mag es sich um die Herstellung eines Gerätes oder eines Werkzeugs oder um die Bereitstellung eines Lebensmittelvorrats handeln: *Arbeit,* die zu diesem oder jenem Zwecke auf *Grund und Boden* angewendet wird, schafft keine unmittelbar genußbereiten Güter. Es wird etwas ausgesondert und aufgespeichert, und dieses »Etwas« ist immer, und zwar je nach der Einfachheit oder Kompliziertheit der Wirtschaftsgesellschaft, in verschiedenem Ausmaß für die Güterproduktion notwendig. Solche ausgespeicherte, nicht unmittelbar genußbereite, sondern zum Zweck künftiger Produktion bereitgehaltenen Güter, seien es Werkzeuge und Geräte oder Vorräte an Lebensmitteln, die dem Unterhalt der Arbeit während des Produktionsprozesses dienen, nennen wir *Kapital.*

Es gibt also bei jeder menschlichen Güterproduktion drei Faktoren, die wir, wie üblich, *Grund und Boden, Kapital* und *Arbeit* nennen.

Wenn wir von den *Produktionsmitteln* schlechthin sprechen, so meinen wir Grund und Boden und Kapital zusammen genommen. So z. B. wenn wir sagen, daß ein Mensch »von den Produktionsmitteln getrennt ist« oder daß er nur dann Güter produzieren kann, wenn ihm ein anderer, der »die Produktionsmittel besitzt«, aushilft, so meinen wir damit, daß der Betreffende nur seine Arbeit hat und weder über Kapital, noch über Grund und Boden, noch über beide zusammen in zweckentsprechendem Ausmaße verfügt.

Einen politisch freien Menschen, d. h. einen Menschen, der das Recht hat, seine Kräfte nach freiem Belieben zu verwenden (oder auch nichts zu tun), der aber keinen Rechtsanspruch auf den Besitz von Produktionsmitteln in irgendeinem zweckentsprechenden Ausmaße hat, nennen wir einen *Proletarier;* und jede einigermaßen große aus solchen Menschen zusammengesetzte Klasse nennen wir ein *Proletariat.*

Den Begriff *Eigentum* gebrauchen wir zur Bezeichnung einer Gesellschaftsordnung, bei der die Verfügung über Grund und Boden und über Bodengüter, einschließlich sämtlicher Produktionsmittel, einer einzelnen Person oder Korporation zukommt. Ein Haus z. B. samt dem Boden, auf dem es steht, bildet das »Eigentum« dieses oder jenes Bürgers, oder einer Familie, einer Stiftung oder des Staates; d. h. daß diejenigen, die ein solches Eigentum »haben«, von den Gesetzen in dem Recht, das Eigentum zu nutzen oder es einer Nutzung zu entziehen, geschützt werden. *Privateigentum* bedeutet solche Güter (einschließlich Produktionsmittel), die gemäß der Gesellschaftsordnung Einzelpersonen oder Korporationen gehören, *nicht aber* politischen Körperschaften, deren Glieder jene Einzelpersonen und Korporationen in anderer Hinsicht doch wieder sind. Was das Privateigentum charakteristisch auszeichnet, ist nicht, daß der Eigentümer weniger ist als der Staat oder nur ein Teil des Staates (denn wenn dem so wäre, so würden wir vom Gemeindeeigentum als Privateigentum reden), sondern vielmehr, daß der Privateigentümer über sein Eigentum frei zum persönlichen Vorteil verfügen kann, nicht aber als Treuhänder der Gesellschaft oder gemäß einer hierarchischen Gliederung der staatlichen Institutionen. Herr Müller z. B. ist ein Bürger von Manchester, aber er hat sein Privateigentum nicht qua Bürger von Manchester, sondern als Herr Müller, während das Nachbarhaus etwa der Gemeinde Manchester gehört, der es gehört, weil sie eine politische Körperschaft ist, welche das ganze Gemeinwesen der Stadt vertritt. Herr Müller könnte nach Glasgow ziehen und doch sein Eigentum in Manchester behalten, während das Eigentum der Gemeinde Manchester an den öffentlich-rechtlichen Charakter der Stadtgemeinde gebunden ist.

Eine ideale Gesellschaft, in der die Produktionsmittel sich in der Hand der staatlichen Behörden befinden, nennen wir *kollektivistisch* oder allgemeiner: *sozialistisch.*[5]

Eine Gesellschaft, bei der das Privateigentum an Grund und Boden und Kapital, d. h. der Besitz und darum die Verfügung über die Produktionsmittel, nur einer beschränkten Anzahl freier Bürger zusteht, die aber nicht zahlreich genug ist, um der ganzen Staatsgesellschaft das Gepräge zu geben, während alle übrigen kein solches Eigentum besitzen und darum Proletarier sind, nennen wir eine kapitalistische Gesellschaft. In einer solchen Gesellschaft kann die einzige Art der Güterproduktion nur in der Anwendung von im wesentlichen und notwendig proletarischer Arbeit auf Grund und Boden und Kapital bestehen, und zwar derart, daß von dem ganzen Güterprodukt das arbeitende Proletariat nur einen Teil erhält.

---

5 Nur in diesem spezifischen Sinne als »Kollektivismus« hat das Wort »Sozialismus« einen eindeutigen Sinn; sonst wird es gleichbedeutend mit anderen älteren und besser bekannten Worten gebraucht.

Die zwei Merkmale, die den kapitalistischen Staat kennzeichnen, sind demnach: 1. die Bürger sind politisch frei, d. h. sie können ihr Vermögen oder ihre Arbeit nach freiem Belieben verwenden oder nicht verwenden, aber sie sind zugleich 2. geteilt in Kapitalisten und Proletarier, und zwar in einem solchem Verhältnis, daß für den Staat im ganzen nicht das Institut des Eigentums unter freien Bürgern typisch ist, sondern die Beschränkung des Eigentums auf einen verhältnismäßig kleinen Ausschnitt der Gesellschaft oder sogar auf eine kleine Minderheit. Ein solcher *kapitalistischer Staat* zerfällt wesentlich in zwei Klassen freier Bürger: in eine kapitalistische oder besitzende und in eine besitzlose oder proletarische.

Meine letzte Definition betrifft den Sklavenstaat selbst, und da dieser Begriff einigermaßen neu ist und den Gegenstand meines Buches bildet, so möchte ich eine Definition auf breiterer Grundlage versuchen.

Die Definition des Sklavenstaates lautet:

»Eine Gesellschaftsordnung, bei der eine so große Anzahl der Familien und Einzelpersonen durch positives Recht zur Arbeit zugunsten anderer Familien und Einzelpersonen gezwungen ist, daß das ganze Gemeinwesen von solcher Art Arbeit das charakteristische Gepräge erhält, nennen wir den Sklavenstaat.«

Zunächst ist zu bemerken, daß die obige Definition nach der negativen Seite eingeschränkt werden muß. Nur Klarheit über diese Grenzen bewahrt uns davor, uns in einem Nebel von metaphorischen und rhetorischen Bildern zu verlieren.

Eine Gesellschaft ist noch kein Sklavenstaat, in dem die Menschen bewußt sich einen Arbeitszwang auferlegen aus Begeisterung, aus religiösem Pflichtgefühl oder indirekt aus Angst vor Entbehrungen oder direkt aus Gewinnsucht, oder weil sie der gesunde Menschenverstand belehrt, daß sie durch Arbeit ihren Wohlstand mehren können.

Zwischen Sklaverei und einer nicht auf Sklaverei beruhenden Arbeitsverfassung besteht eine scharfe Trennung; die Verhältnisse liegen diesseits und jenseits dieser Grenze ganz verschieden. Wo durch *positives Recht* auf Menschen eines bestimmten *Standes* oder *Status* ein *Zwang* ausgeübt werden kann, und solcher Zwang schließlich durch die staatlichen Machtmittel durchgesetzt wird, da haben wir das Institut der *Sklaverei*. Wo dieses Institut so verbreitet ist, daß der ganze Staat sozusagen auf dem Fundament der Sklaverei beruht, da haben wir einen Sklavenstaat vor uns.

Wo dieser formal rechtliche Zustand fehlt, liegt keine Sklaverei vor. Der Unterschied zwischen Sklaverei und Freiheit, der an tausend Einzelheiten des heutigen Lebens zu spüren ist, kann am deutlichsten in folgendem gefaßt werden: der Freie kann eine Arbeit verweigern und diese Weigerung als ein *Handelsobjekt* benutzen; der Sklave hingegen hat kein solches Mittel, keine Verhandlungsfähigkeit, sondern ist hinsichtlich seiner ganzen Lage angewiesen auf die gesellschaftlichen Gepflogenheiten und gedeckt durch gewisse gesellschaftliche Regeln, die den Sklaven schützen und sichern.

Sodann ist zu bemerken, daß ein Staat noch kein Sklavenstaat ist, weil irgendwo innerhalb seines Territoriums das Institut der Sklaverei vorgefunden wird. Nur dann ist ein Staat ein Sklavenstaat, wenn so viel Zwangsarbeit auf Grund des positiven Rechts geleistet wird, daß das ganze Gemeinwesen dadurch typisch gekennzeichnet ist.

Ebenso ist ein Staat noch kein Sklavenstaat, wenn alle Bürger verpflichtet sind, mit ihren Kräften dem Zwang des positiven Rechts zu gehorchen und auf Geheiß von Staatsbehörden arbeiten müssen. Nur gleichnismäßig und zu rhetorischen Zwecken werden diejenigen, die etwa den Kollektivismus oder staatliche Reglementierung ablehnen, von »sklavischen« Bedingungen solcher Einrichtungen sprechen. Aber für die strenge Begriffsbildung und klare Abgrenzung ist es wesentlich, im Auge zu behalten, daß sklavenmäßige Verfassung nur im Gegensatz zu einer freien Arbeitsverfassung besteht. Sklaverei ist nur dann in einer Gesellschaft vorhanden, wenn es auch den freien Bürger gibt, für deren Nutzen der Sklave unter dem Zwang des positiven Rechts arbeitet. Ferner sei bemerkt, daß dieses Wort »Sklaverei« keineswegs die schlimmste oder auch nur eine notwendig schlechte Gesellschaftsordnung bezeichnet. Dieser Punkt ist so klar, daß wir uns kaum dabei aufzuhalten brauchen; nur weil ich bemerkt habe, daß die Vermischung des rhetorischen und des streng wissenschaftlichen Gebrauches des Wortes »sklavisch« die öffentliche Erörterung des Gegenstandes verwirrt, muß ich noch einmal das Selbstverständliche ausdrücklich betonen.

Die Frage, ob das Institut der Sklaverei gut oder schlecht oder verhältnismäßig besser oder schlechter als andere entsprechende Einrichtungen ist, hat mit der exakten Begriffsbestimmung dieses Instituts nicht das geringste zu tun. So z. B. besteht die Monarchie darin, daß eine Einzelperson die Verantwortung für die Leitung der Gesellschaft trägt. Man kann sich nun ganz gut vorstellen, daß etwa ein Römer des ersten Jahrhunderts die neue kaiserliche Macht lobte, zugleich aber infolge eines trüben traditionellen Vorurteils gegen »Könige« geschworen hat, niemals eine »Monarchie« dulden zu wollen. Ein solcher Mann hätte ein sehr oberflächliches Urteil über das Staatsleben unter Trajan gehabt, aber ein nicht weniger oberflächliches als jemand, der schwört, daß ihn nichts zum »Sklaven« machen kann, obschon er bereit ist, sich mit einem Recht abzufinden, das ihn, ohne zu fragen, zur Arbeit zwingt kraft öffentlichen Rechts und unter Bedingungen, die von anderen diktiert werden.

Viele werden der Ansicht sein, daß ein Mann, der solchem Arbeitszwang unterliegt, der aber vor Unsicherheit und unzulänglicher Ernährung, Wohnung, Bekleidung geschützt ist, dem man für sein Alter Lebensunterhalt und für seine Nachkommenschaft eine Reihe solcher Vorteile verspricht, um vieles besser daran ist als ein Freier, der alle diese Dinge entbehrt. Aber diese Ansicht hat mit der Definition des Wortes Sklaverei nichts zu tun. Ein frommer Christ von tadellosem Lebenswandel auf einer Eisscholle in der arktischen Nacht treibend, ohne Nahrung und ohne jede Aussicht auf Hilfe, befindet sich gewiß in weniger angenehmen Lebensumständen als der Khedive[6]

6 Anm. d. Hrsg.: Titel des Vizekönigs der osmanischen Provinz Ägypten (bis 1914).

von Ägypten; aber es wäre unsinnig, bei der Definition des Wortes »christlich « und »mohammedanisch« diesen Gegensatz in Betracht zu ziehen.

Wir müssen uns aber bei unserer Untersuchung streng an die rein wirtschaftlichen Phänomene halten. Nur wenn wir diesen Gesichtspunkt festhalten und die moderne Tendenz zur Wiederherstellung der Sklaverei klar ist, können wir die Vorteile und Nachteile der Revolution, die wir gerade durchleben, sachlich erörtern.

Ferner ist zu beachten, daß es für das Institut der Sklaverei nicht wesentlich ist, ob der Sklave einem einzelnen Herrn als Eigentum gehört. Daß die Sklaverei unter den verschiedenen, die menschliche Natur und menschliche Gesellschaft bildenden Kräften diese Form anzunehmen trachten wird, ist sehr wahrscheinlich. Daß bei einer Wiedereinführung der Sklaverei in England der einzelne Mann zu gegebener Zeit als Sklave nicht des Kapitalismus im allgemeinen, sondern etwa des Shell-Ölkonzern im besonderen erscheinen würde, ist eine sehr wahrscheinliche Entwicklung. Wir wissen auch, daß in Gesellschaften, wo das Institut seit undenkbaren Zeiten bestand, solcher direkter Besitz der Sklaven durch Freie oder eine Korporation von Freien die Regel gewesen ist. Aber ich behaupte, daß dieses Merkmal für das Wesen der Sklaverei nicht wesentlich ist. Als Anfangsstadium der Sklaverei oder selbst als Dauerzustand, der eine Gesellschaft für unbestimmte Zeit kennzeichnet, ist sehr wohl denkbar, daß eine ganze Klasse durch Gesetz zur Arbeit im Dienste einer anderen, nicht versklavten, freien Klasse gezwungen wird, ohne daß durch besonderen Gesetzesakt einem einzelnen über die Person des anderen ein direktes Besitzrecht eingeräumt würde.

Der in unserem Sinne entscheidende Gegensatz zwischen Sklaven und Freien kann vom Staate aufrechterhalten werden, indem er dem *Unfreien* Sicherheit des Lebensunterhalts, dem *Freien* Sicherheit des Eigentums, des Gewinns, der Renten und Zinsen garantiert. Was den Sklaven in einer solchen Gesellschaft kennzeichnen würde, wäre seine Zugehörigkeit zu einem Status oder Stand, der unter irgendeinem, gleichgültig welchem, Titel zur Arbeit gezwungen wäre und sein Getrenntsein von dem anderen Stand ohne Arbeitszwang, dem es nach Belieben freisteht zu arbeiten oder nicht zu arbeiten.

Anderseits wäre der Sklavenstaat auch dann schon unzweifelhaft gegeben, wenn jemand nur zeitweise dem Arbeitszwang unterläge, im übrigen aber Handlungsfreiheit hätte und sogar in seiner »freien« Zeit Vermögen bilden könnte. Die alten Gesetzgeber pflegten zwischen vollständiger Leibeigenschaft und schollenpflichtiger Hörigkeit zu unterscheiden. Ein vollständiger Leibeigener war einer, der immer und überall und nicht bloß mit Bezug auf einen besonderen Herrn Sklave war. Wenn jemand nur gebunden war, einem bestimmten Oberherrn zu dienen, so war er ein Hofhöriger. Anderen gegenüber war er frei. Man könnte sich sehr wohl Sklaven vorstellen, die nur mit Bezug auf eine bestimmte Art der Arbeitsverrichtung während bestimmter Stunden hörig waren. Nichtsdestoweniger wären dies Sklaven, und wenn sie eine lange Arbeitszeit hätten und eine zahlreiche Klasse ausmachten, so wäre ein so gearteter Staat ein Sklavenstaat.

Schließlich sei erwähnt, daß das Sklavenverhältnis ganz ebenso eine Staatseinrichtung bleibt, wenn es dauernd und unwiderruflich irgendwann einmal als eine Dauerlage menschlicher Wesen erscheint, wie wenn es an eine einzelne Klasse auf Lebenszeit geknüpft ist. So erlaubten die Gesetze des Heidentums, daß der Sklave von seinem Herrn die Freiheit erhielt; sie gestatteten auch, daß Kinder und Kriegsgefangene in die Sklaverei verkauft wurden. Das Institut der Sklaverei, obschon in den Bestandteilen, aus denen es sich zusammensetzte, beständig wechselnd, blieb doch selbst ein unveränderlicher Faktor im Staate. Ebenso würde, obschon der Staat nur Leute unter einer bestimmten Einkommensgröße der Sklaverei für verfallen erklärte, andere aber, die geerbt oder sonst zu Vermögen gekommen sind, frei ließe, bei Vermögensverlusten aber sie in die Sklaverei einreihte, diese in ihrer Zusammensetzung fluktuierende Sklavenklasse als solche doch dauernd bestehen bleiben.

Wenn also z. B. der moderne Wirtschaftsstaat ein Gesetz erließe, wonach niemand, der durch eigene Arbeit eine bestimmte Summe zu verdienen fähig ist, der Sklaverei verfallen dürfe, wohl aber all diejenigen, die weniger als diesen Betrag verdienen; oder wenn der moderne Wirtschaftsstaat Handarbeit in einer bestimmten Weise definiert und sie für gewisse Zeit für alle Ausübenden obligatorisch macht, es ihnen aber freistellt, später nach Belieben in andere Berufe überzugehen, so würden solche Unterscheidungen, obschon sie sich auf *Verhältnisse* und nicht auf eine *Klasse* beziehen, doch das Institut der Sklaverei begründen.

Da es definitionsgemäß eine ziemlich große Anzahl von Handarbeitern geben muß, so wären diese im Sinne der Definition Sklaven. Auch hier würde sich die Gruppe der Sklaven aus wechselnden Bestandteilen zusammensetzen, aber das Institut selbst wäre stabil und breit genug, um der ganzen Gesellschaft ihr Gepräge zu geben. Ich brauche bei den praktischen Folgen nicht zu verweilen: jedes solche Verhältnis, jede derartige Klassenlage hat die Tendenz, für die große Mehrheit der Klassenzugehörigen zu einem Dauerzustand zu werden; die Einzelpersonen die in das Verhältnis der Sklaverei eintreten oder es verlassen, werden der ganzen Masse gegenüber zahlenmäßig kaum in Betracht kommen.

Noch ein letzter Punkt ist bei unserer Definition in Betracht zu ziehen.

Es handelt sich um folgendes:

Da eine freie Gesellschaft naturgemäß einen Vertrag erzwingen können muß (eine freie Gesellschaft besteht in nichts anderem als in der Erzwingbarkeit freier Verträge), so ist die Frage: Inwiefern kann das ein Sklavenverhältnis genannt werden, was das Ergebnis eines formell oder wirklich freien Vertrages ist? Mit anderen Worten: Ist ein Arbeitsvertrag, wie frei auch immer er begründet sei, seiner Natur nach nicht eine Sklaverei, wenn er vom Staat erzwungen wird?

Zum Beispiel: ich besitze weder Nahrung noch Kleidung, noch besitze ich die Produktionsmittel, um irgendwelche

Tauschgüter herzustellen. Ich bin in einer solchen Lage, daß ein Produktionsmittelbesitzer mir diese Produktionsmittel nur zu benutzen gestattet, wenn ich mich vertraglich verpflichte, ihm eine Woche lang für einen Hungerlohn zu dienen. Macht mich der Staat, indem er diesem Vertrag Zwangscharakter verleiht, für diese Woche zum Sklaven?

Offenbar nicht. Denn das Institut der Sklaverei setzt sowohl bei den Freien als auch bei den Sklaven eine bestimmte geistige Einstellung voraus, eine beiderseitige gewohnheitsmäßige Lebensführung und die Ausprägung dieses doppelten Lebensstils in der Gesellschaft. Durch einen auf eine Wochendauer erzwingbaren Vertrag läßt sich keine dieser Wirkungen erzeugen. Das menschliche Leben hat eine solche Dauer und gewährt solche Möglichkeiten für die Zukunft, daß die Erfüllung eines solchen Vertrags in keiner Weise das Freiheitsgefühl und die Wahlfreiheit beeinträchtigt.

Ist, was für eine Woche gilt, auch richtig für einen Monat, ein Jahr, zehn Jahre, ein ganzes Leben? Nehmen wir einen äußersten Fall an: Ein in Not befindlicher Mann geht einen Vertrag ein, der ihn und alle seine minderjährigen Kinder verpflichtet, bis zu seinem Tode bzw. bis zur erreichten Volljährigkeit seiner Kinder, was immer geschehen mag, für einen Hungerlohn zu arbeiten. Würde der Staat, der einen solchen Vertrag legalisiert, den Mann zum Sklaven machen?

So sicher er ihn im ersten Falle nicht zum Sklaven macht, so unzweifelhaft würde er ihn im zweiten Falle zum Sklaven machen.

Auf solch alte sophistische Einwendungen kann man nur antworten, daß der Mensch durch seine Geisteshaltung allein die echten Grenzen eines Zustandes, wie z. B. der Freiheit, bestimmt. Was Freiheit ist oder nicht ist, bestimmt, soweit die bloße Zeit in Betracht kommt, die menschliche Gewohnheit (wobei zu bemerken ist, daß natürlich auch noch andere Elemente maßgebend sind); aber die Erzwingung eines Dienstvertrags, der nach seinem Ablauf noch eine sichere oder wahrscheinliche Chance offen läßt, ist mit Freiheit wohl verträglich.

Die Erzwingung eines Vertrags aber, der vermutlich das ganze Leben bindet, ist mit Freiheit nicht verträglich. Werden aber durch den Vertrag auch die natürlichen Erben dienstpflichtig, so ist dieser Vertrag für die Freiheit eines Mannes unerträglich.

Betrachten wir einen anderen strittigen Punkt. Ein Mann verpflichtet sich zur Arbeit auf Lebenszeit und seine Kinder, soweit das Gesetz einer bestimmten Gesellschaft solche Verpflichtungen einzugehen gestattet, aber diese Bindung soll nicht für einen Lohn gelten, der die bloßen Lebenskosten deckt, sondern er erhält einen Lohn, der so groß ist, daß er in wenigen Jahren wohlhabend und seine Kinder nach Ablauf des Vertrags noch wohlhabender sein werden. Wenn der Staat einen solchen Vertrag obligatorisch macht, wird der glückliche Angestellte dadurch zum Sklaven? Nein. Denn es gehört zum Wesen der Sklaverei, daß der Sklave nur den bloßen Lebensunterhalt oder ein wenig mehr erhält. Sklaverei besteht, damit der Freie Nutzen davon habe, und erfordert eine Lage, in der die der Sklaverei Unterworfenen nur die sichere Existenzmöglichkeit, aber kaum mehr beanspruchen können.

Wollte jemand einen scharfen Grenzstrich ziehen und behaupten, daß ein rechtlich erzwingbarer Vertrag auf Lebensdauer zu soundso viel Mark die Woche Sklaverei sei, jenseits dieser Grenze aber aufhöre, Sklaverei zu sein, so wäre dies Beginnen töricht. Nichtsdestoweniger gibt es in jeder Gesellschaft einen herkömmlichen Maßstab der Lebenshaltung, deren Gewährleistung mit einem kleinen Spielraum nach oben mit der Verpflichtung zu Zwangsarbeit Sklaverei ist, während die Gewährleistung einer weit höheren Lebenshaltung nicht Sklaverei ist.

Dieses Spiel mit Worten läßt sich noch fortsetzen. Es handelt sich hierbei um typische Wortklauberei, wie sie bei jeder Untersuchung vorkommt, in der streitende Fachleute das große Wort führen, die aber auf den ernsthaften Forscher, dem es nicht um Dialektik, sondern um Wahrheit zu tun ist, keinen Eindruck macht.

Es ist immer möglich, durch Ziehung eines Querschnitts in einer Reihe von Definitionen die unwiderlegbare Schwierigkeit des Mehr oder Weniger, des Grades, vorzubringen, aber das kann die Tatsachen, die zur Erörterung stehen, nicht ändern. Wir wissen z. B., was man unter Tortur zu verstehen hat, wenn sie in einem Gesetzbuch erlaubt bzw. verboten ist. Imaginäre Schwierigkeiten des Mehr oder Weniger, wie z. B. ob man jemandem das Haar ausrupft und ihn skalpiert, oder ob man ihn der Hitze aussetzt und ihn lebendig verbrennt, werden einen Reformer, dessen Zweck die Abschaffung der Tortur aus einem Strafgesetzbuch ist, niemals stören.

In der gleichen Weise wissen wir, was Zwangsarbeit ist und was nicht, was das Sklavenverhältnis ist und was es nicht ist. Entscheidend ist, ich wiederhole, ob jemandem die freie Wahl zu arbeiten oder nicht zu arbeiten, hier oder dort, für diesen oder jenen Zweck zu arbeiten, entzogen ist oder nicht; und ob er durch positives Recht zur Arbeit für den Vorteil anderer, die solchem Zwange nicht unterliegen, gezwungen wird.

Wo *dieses* vorliegt, haben wir Sklaverei mit all den mannigfachen geistigen und politischen Folgewirkungen dieser alten Einrichtung.

Wo Sklaverei vorliegt und eine numerisch so zahlreiche Klasse in Mitleidenschaft gezogen ist, daß dadurch das Wesen des Staates gekennzeichnet und bestimmt ist, da haben wir den Sklavenstaat.

Fassen wir zusammen. Der *Sklavenstaat* ist ein Staat, in welchem eine so bedeutende Anzahl von Familien und Einzelpersonen durch das Merkmal der Zwangsarbeit von den *freien Bürgern* getrennt sind, daß die Gesellschaft dadurch ihr eindeutiges Gepräge erhält, und wo alle wesentlichen, guten und schlimmen Kennzeichen der Sklaverei den Staat durchdringen, ganz gleich, ob die Sklaven unmittelbar und persönlich an ihre Herren gebunden sind oder mittelbar durch das Medium des Staates oder schließlich in einer dritten Art durch ihre Zugehörigkeit zu Körperschaften und einzelnen Gewerben. Der so arbeitspflichtige Sklave ist von den Produktionsmitteln getrennt und rechtlich zur Arbeit zugunsten aller oder etlicher

Produktionsmittelbesitzer gezwungen. Das unterscheidende Kennzeichen des Sklaven besteht in der spezifischen Einwirkung eines positiven Rechts auf seine Lage, indem dieses in der Form des Vertrags innerhalb der allgemeinen Gemeinschaft eine Gruppe von weniger freien Menschen und eine Gruppe von vollfreien schafft.

Wir Europäer nun kommen von einer rein sklavenmäßigen Gestaltung der Produktion und Gesellschaftsordnung her. Die Vergangenheit Europas ist seit undenklichen Zeiten eine Vergangenheit von Sklaven. In den Jahrhunderten, in welchen die Kirche entstand, durchdrang und gestaltend war, wurde Europa allmählich von diesem uralten und grundlegenden Gebilde der Sklaverei erlöst und losgerissen; zu diesem Gebilde, zu dieser Einrichtung ist unsere industrielle oder kapitalistische Gesellschaft in Rückkehr begriffen. Wir kehren zum Sklaventum zurück.

Bevor ich dazu übergehe, diesen Satz zu beweisen, möchte ich auf den folgenden Seiten ganz kurz den Vorgang skizzieren, wie die alte heidnische Sklaverei vor einigen Jahrhunderten in eine freie Gesellschaft umgewandelt wurde. Ich werde dann weiter kurz auseinandersetzen, auf welchem Wege die neue sklavenlose Gesellschaft im Zeitalter der Reformation in bestimmten Gegenden Europas, vornehmlich in England, zerbrach. Damals entwickelte sich an dieser Statt allmählich jenes Übergangsstadium der Gesellschaft (das sich jetzt dem Ende nähert) und das wir allgemein als *Kapitalismus* oder den *kapitalistischen Staat bezeichnen.*

Ein solcher rein historischer Exkurs ist logisch für die Betrachtung unseres Gegenstandes nicht notwendig, aber für den Leser von großem Wert, weil, wenn wir erfahren, wie die Dinge in Wirklichkeit und im einzelnen sich abgespielt haben, wir dann auch den logischen Prozeß besser verstehen, demgemäß sie zu einem bestimmten Endziel in der Zukunft zustreben.

Man könnte die Entwicklungstendenz zum Sklavenstaat im heutigen England auch jemandem begreiflich machen, der nichts von der Vergangenheit Europas weiß; aber diese Tendenz wird ihm weit einleuchtender und wahrscheinlicher erscheinen, weit mehr als ein Gegenstand der Erfahrung und weniger der bloßen Deduktion, wenn er erfährt, was unsere Gesellschaft einst gewesen ist und wie sie sich zu dem gewandelt hat, was wir heute vor uns haben.

Zweiter Abschnitt

Unsere Kultur beruhte ursprünglich auf der Sklaverei

Welches Gebiet der europäischen Vergangenheit wir auch immer zum Gegenstand unserer Forschung machen, wir finden seit zweitausend Jahren immer wieder nur eine einzige grundlegende Einrichtung, auf die sich die *ganze* Gesellschaft stützt; und diese grundlegende Einrichtung ist die Sklaverei.

Diesbezüglich besteht kein Unterschied zwischen den hochkultivierten Stadtstaaten des Mittelmeergebiets mit ihrer Literatur, ihrer Plastik, ihrem kodifizierten Recht, mit allem, was zu einer Kultur gehört – und zwar schon zu einer Zeit, aus der uns keine Denkmäler erhalten sind –, auch kein Unterschied zwischen diesem Kulturkreis und den nördlichen und westlichen Gesellschaften keltischer Stämme oder den wenig bekannten Horden, die in Germanien umherschweiften. *Allesamt* beruhten unterschiedslos auf Sklaverei. Sie war die Grundform der Gesellschaft. Sie war überall vorhanden, nirgend bestritten.

Hingegen besteht ein Unterschied (wenigstens scheinbar) zwischen Europa und Asien. Religion und Moral der Europäer sind im Ursprung so sehr von Religion und Moral der Asiaten verschieden, daß jede gesellschaftliche Einrichtung, unter anderem auch die Sklaverei, von dem Gegensatz berührt ward.

Aber damit brauchen wir uns hier nicht weiter zu befassen. Ich behaupte nur, daß unsere europäischen Vorfahren, die Menschen also, von denen wir abstammen und deren Blut mit geringer Vermischung in unseren Adern rinnt, die Sklaverei als etwas Gegebenes ansahen, sie zum ökonomischen Unterbau ihrer Güterproduktion machten und nie daran zweifelten, daß sie das für jede menschliche Gesellschaft Normale sei.

Diese Feststellung ist von grundlegender Bedeutung.

Eine Ordnung dieser Art hätte nicht ohne Unterbrechung

(und tatsächlich ohne in Frage gestellt zu werden) viele Jahrhunderte lang dauern, noch als ein fertiger, völlig organisch gewachsener Zustand aus dem langen Dunkel der Geschichte, als Barbarei und Kultur nebeneinander in Europa bestanden, emportauchen können, wenn in ihr nicht etwas, sei es im guten oder schlimmen Sinne, unserem Blute Verwandtes läge.

Es kann keine Rede davon sein, daß bei den alten Gesellschaften, denen wir entstammen, unterworfene Völker durch die Macht der Eroberer in Sklaven verwandelt wurden. Das sind lauter Vermutungen der Universitäten. Nicht nur gibt es keinen Beweis dafür, sondern alle Beweise sprechen vielmehr dagegen. Der Grieche hatte einen griechischen, der Latiner einen latinischen, der Germane einen germanischen, der Kelte einen keltischen Sklaven. Die Theorie, daß »höhere Rassen« beim Eindringen in ein Land die Ureinwohner entweder vertrieben oder zu Sklaven machten, ist eine Theorie, die weder in unseren heutigen psychologischen Erkenntnissen noch in beglaubigten Zeugnissen eine Stütze findet. In Wirklichkeit war gerade die Anerkennung menschlicher Gleichheit zwischen Herrn und Sklaven das bezeichnendste Merkmal der Sklavenbasis, auf die sich das Heidentum aufstützte. Der Herr konnte den Sklaven töten, aber beide waren gleichen Stammes und jeder für den anderen Mensch.

Dieser geistige Wert war nicht, wie eine weitere verderbliche Hypothesengelehrsamkeit träumt, eine »Entwicklung« oder ein »Fortschritt«. Die Lehre von der Gleichheit der Menschenwesen gehörte geradezu zum Wesen der Antike, wie sie auch jetzt noch zum Wesen derjenigen Gesellschaften gehört, die ihre Tradition nicht verloren haben.

Wir können uns vorstellen, daß der barbarische Mensch des Nordens die große Wahrheit weniger leicht erfaßte als der Kulturmensch des Mittelmeergebiets, weil Barbarei überall einen Rückschritt der Verstandeskraft zeigt; der Beweis aber, daß das Institut der Sklaverei nicht weniger ein Artunterschied als vielmehr eine gesellschaftliche Übereinkunft war, liegt darin vor, daß überall die Sklavenbefreiung und die Sklaverei gleichzeitig vorkommen. Das heidnische Europa hielt nicht nur das Vorhandensein von Sklaven für etwas Natürliches und der Gesellschaft Notwendiges, sondern glaubte ebenso, daß ein befreiter Sklave als freier Mann ganz natürlich, wenn auch vielleicht erst nach Verlauf einer Generation, in die Ränge der freien Gesellschaft eintreten werde. Große Dichter und große Künstler, Staatsmänner und Soldaten ließen sich durch die Erinnerung ihrer sklavischen Herkunft wenig stören.

Andererseits erhielt das Sklaventum beständig frischen Zuwachs, ebenso wie es eine beständige Sklavenbefreiung gab, die jahraus, jahrein sich vollzog; die natürliche und normale Ergänzungsweise ist für uns am deutlichsten erkennbar bei den einfachen und barbarischen Gesellschaften, über die uns die Beobachtung der damaligen kultivierten Heiden ein Urteil zu fällen gestattet.

Die Armut war es, die den Menschen zum Sklaven machte.

Kriegsgefangenschaft in offener Schlacht bildete die eine Art der Ergänzung der Sklavenklasse, dazu kam der Menschenraub der Seeräuber in entlegeneren Strichen und Verkauf auf den Sklavenmärkten des Südens. Zugleich aber zeigt sich, daß der Grund für die Einreihung in die Sklavenklasse und der Selbsterhaltung des Instituts der Sklaverei die wirtschaftliche Notlage des Mannes war, der sich selbst in die Sklaverei verkaufte oder *der darin geboren war;* denn bei der heidnischen Sklaverei war es die Regel, daß der Sklave den Sklaven zeugte, und daß selbst, wenn der eine Elternteil ein Freier war, der Sprößling Sklave ward.

Die antike Gesellschaft verfiel daher regelmäßig (wie übrigens die Gesellschaft jedes Sklavenstaates) in deutlich abgegrenzte Gruppen: auf der einen Seite der Bürger mit politischem Stimmrecht, der oft auch arbeitete – aber nach eigenem freien Willen –, in der Regel ein Eigentümer; auf der anderen Seite die Masse der Produktionsmittellosen, die durch positives Recht dem Zwange der Arbeitspflicht unterlagen.

Es ist richtig, daß im weiteren Verlauf der gesellschaftlichen Entwicklung die private Vermögensbildung durch Sklaven geduldet wurde, und daß so begünstigte Sklaven bisweilen in der Lage waren, sich freizukaufen. Es ist weiter richtig, daß in den Wirren der letzten Jahrzehnte des Heidentums in einzelnen Großstädten eine zahlreiche Klasse von Leuten entstand, die zwar frei, aber trotzdem ohne Produktionsmittel waren. Aber diese Klasse war niemals so zahlreich vertreten, daß der ganze gesellschaftliche Zustand durch dieses Proletariat sein charakteristisches Gepräge erhielt. Am Ende blieb doch die heidnische Welt eine Welt von freien Eigentümern, die in verschiedenen Abstufungen den Grund und Boden und das zur Güterproduktion nötige Kapital besaßen und die das Land und das Kapital zwecks Güterproduktion mit *Zwangsarbeit* befruchteten.

Bestimmte Eigentümlichkeiten dieses ursprünglichen Sklavenstaates, dem wir alle entstammen, können im Wege der Deduktion mit Sicherheit erschlossen werden.

Zunächst einmal: Obwohl heutzutage alle Leute Sklaverei und Freiheit in Gegensatz stellen und der letzteren den Vorzug geben, so haben doch damals die Menschen die Sklaverei freiwillig als die Alternative gegen Entbehrungen angenommen.

Sodann zweitens (und dies ist am wichtigsten für ein Gesamturteil über das Institut der Sklaverei und über die Aussichten ihrer Wiedereinführung): In all diesen Jahrhunderten finden wir kein ernstliches Widerstreben und (was noch bezeichnender ist) keine *Gewissensbeschwerde* gegen eine Einrichtung, welche die große Masse der Menschen zur Zwangsarbeit verurteilte.

Man findet in der Literatur jener Zeiten Sklaven, die ihr Los beklagen – und sich darüber lustig machen; einige Philosophen verkünden, daß in einer idealen Gesellschaft kein Platz für Sklaverei ist; andere wieder entschuldigen die Einrichtung der Sklaverei mit verschiedenen Argumenten, während sie zugeben, daß sie die Menschenwürde verletzt: die meisten aber sind der Ansicht, daß es im Staate notwendig Sklaven geben müsse. Niemand aber, Sklave oder Freier, denkt daran, die Sache selbst abzuschaffen oder zu verändern. Es gibt keine Märtyrer der »Freiheit« gegen »Sklaverei«. Die sogenannten Sklavenkriege waren der Widerstand entlaufener Sklaven gegen Wiedereinfangungsversuche, aber nirgends wird die Behauptung aufgestellt, daß Sklaverei etwas Unerträgliches sei. Von den unbekannten Anfängen der Geschichte bis zum katholischen Ende der heidnischen Welt ist dieser Ton etwas Fremdes. Sklaverei ist lästig, unwürdig, schmerzlich – aber sie liegt für sie in der Natur der Dinge.

Man kann kurz sagen, daß diese Gesellschaftsordnung die Atmosphäre war, in der die heidnische Antike atmete. Ihre großen Werke, ihre Muße und ihr häusliches Leben, ihr Temperament, ihre Kraftreserven alles hing davon ab, daß die antike Gesellschaft die Gesellschaft des Sklavenstaats war.

Die Menschen waren glücklich innerhalb dieser Ordnung, oder wenigstens so glücklich, wie Menschen nur sein können.

Die Versuche, durch persönliche Bemühungen, sei es Wirtschaftlichkeit oder glückliche Unternehmungen oder Umschmeichelung des Herrn, dem Sklavenverhältnis zu entrinnen, waren niemals so stark wie vielfach heutzutage die Versuche, aus der Klasse des Lohnarbeiters in die des Unternehmers einzurücken. Knechtschaft erschien nicht als die Hölle, in die zu versinken ärger war als zu sterben oder aus der ein Mensch um jeden Preis sich zu befreien trachtete. Sie war vielmehr ein Verhältnis, mit dem sowohl diejenigen, welche es erlitten, als auch die anderen, die den Vorteil davon hatten, zufrieden waren und ein absolut notwendiger Bestandteil all dessen, was die Menschen taten und dachten.

Man findet keinen Barbar aus einem freien Orte, der über das Institut der Sklaverei erstaunt ist, für keinen Sklaven bedeutet eine Gesellschaft, in der die Sklaverei unbekannt ist, ein glücklicheres Land. Für unsere Vorfahren, und zwar nicht nur für die paar Jahrhunderte, aus denen uns Berichte über ihre Handlungen vorliegen, sondern auch offenbar für eine ganz unbegrenzte Vergangenheit, war die Teilung der Gesellschaft in solche, die unter Zwang arbeiten müssen, und solche, die von der Arbeit jener den Nutzen hatten, der eigentliche Sinn des Staates, sie konnten sich ohne jene Teilung eine Gesellschaft überhaupt nicht als möglich vorstellen.

Dies alles müssen wir ein für allemal festhalten. Es ist für das Verständnis des vorliegenden Problems grundlegend. Die Sklaverei ist keine neue Erfahrung in der Geschichte Europas, noch wagt man einen kühnen Traum mit der Behauptung, daß die Sklaverei ein für Europäer befriedigender Zustand ist. Die Sklaverei war seit tausend und aber tausend Jahren das eigentliche Gerüst Europas, bis Europa sich auf jenes kühne moralische Wagnis, der »Glaube« genannt wird, einließ, von dem viele meinen, daß er jetzt erledigt und ausgespielt sei, und nach dessen Mißlingen es scheint, daß die alte und ursprüngliche Einrichtung der Sklaverei wiederkehren müsse.

Denn damals verfielen wir Europäer nach all den Jahrhunderten, Jahrhunderten einer feststehenden gesellschaftlichen Ordnung, die aus dem sicheren Fundament der Sklaverei errichtet war, dem Experiment, das die christliche Kirche genannt wird.

Zu den Nebenprodukten dieses Experiments, ganz langsam sich loslösend von der alten heidnischen Welt und kaum vollendet, als das Christentum selbst schon Schiffbruch erlitt, gehört die außerordentlich allmähliche Umformung des Sklavenstaats in etwas anderes: in eine Gesellschaft von Besitzenden. Wie dieses andere aus dem heidnischen Sklavenstaat hervorging, will ich im nächsten Abschnitt zeigen.

Dritter Abschnitt

Wie die Sklaverei mit der Zeit verschwand

Das Verschwinden der Sklaverei in der Christenheit ist ein sehr langwieriger (an die tausend Jahre dauernder) und in seinen Einzelheiten überaus komplizierter Entwicklungsprozeß, den ich hier nur ganz kurz und verständlich in den Grundzügen darstellen will.

Zunächst ist festzuhalten, daß die große Umwälzung des europäischen Geisteslebens zwischen dem ersten und vierten Jahrhundert (die man häufig als die Bekehrung der Welt zum Christentum bezeichnet, die aber geschichtlich präziser das Wachstum der Kirche heißen sollte) keinen Angriff auf das Institut der Sklaverei bedeutete.

Kein Dogma der Kirche erklärte die Sklaverei für eine unmoralische Einrichtung, den Menschenhandel als Sünde oder die Zwangsarbeitspflicht eines Christen als Übertretung eines menschlichen Rechts.

Die Freilassung der Sklaven wurde zwar von den Gläubigen als ein verdienstliches Werk angesehen, aber ebenso auch von den Heiden. Sie war nach außen hin ein Dienst, den einer seinen Landsleuten oder Mitmenschen leistete. Der Verkauf von Christen an heidnische Herren wurde zwar im späteren Reich der Barbareneinfälle verabscheut, aber nicht etwa, weil man die Sklaverei an sich verurteilte, sondern weil es gleichsam als Verrat an der Kultur galt, Menschen zwangsweise der Kultur zu berauben und der Barbarei auszuliefern. Im allgemeinen findet man keinen Ausspruch gegen die Sklaverei als Anstalt, noch eine moralische Verurteilung derselben in allen diesen frühchristlichen Jahrhunderten, in denen sie dennoch praktisch aufhörte.

Die Art und Weise ihrer Auflösung ist bemerkenswert. Sie beginnt mit der Bildung der großen Grundherrschaften als grundlegender Produktionseinheit in Westeuropa, die, meistens einem einzelnen Eigentümer gehörend, allgemein unter dem Namen der *Villae* bekannt sind. *Es gab* natürlich auch viele andere Formen der Menschenagglomeration: kleine Bauerngüter im absoluten Eigentum ihrer ärmlichen Herren; Gruppen von Freien, vereinigt in einem sogenannten *Vicus;* Gewerbe, in denen Gruppen von Sklaven wirtschaftlich organisiert für den Gewinn ihrer Herren arbeiteten, und das flache Land ringsum beherrschend, Städte nach römischem Vorbild.

Aber unter allen diesen war die *Villa* der überragende Typus, und als die Gesellschaft von der hohen Kulturstufe der ersten vier Jahrhunderte in die Einfachheit des dunkeln Mittelalters zurücksank, da wurde die *Villa,* die Wirtschaftseinheit der landwirtschaftlichen Produktion, mehr und mehr das Modell der ganzen Gesellschaft.

Jetzt entwickelte sich die Villa zu einem großen Landkomplex, der ähnlich wie ein modernes englisches Landgut, Weide und Ackerland, Wasserläufe, Wald und Heide und Brachland umfaßte. Die Villa gehörte einem *Dominus* oder *Lord* oder *Grundherrn* als dessen absolutes Privateigentum; er konnte sie verkaufen oder aufgeben, kurz alles damit tun, was ihm beliebte. Er ließ sie von *Sklaven* bewirtschaften, denen er kein Entgelt schuldete, wobei es nur seinem Interesse entsprach, wenn er sie am Leben erhielt und ihnen Fortpflanzung gestattete, damit sie seinen Wohlstand mehrten.

Ich hebe diese Sklaven besonders hervor, welche die große Mehrheit der auf dem Lande wohnenden Menschen bildeten; denn trotzdem schon in den dunklen Jahrhunderten, als das römische Reich sich in die Gesellschaft des Mittelalters umwandelte, auch andere soziale Elemente auf den Villas vorhanden waren: die Erbzinspflichtigen, die dem Grundherrn gemessene Dienste schuldeten, und sogar gelegentlich unabhängige Bürger, die einen befristeten und freiwilligen Vertrag eingegangen waren – so ist es doch der *Sklave,* der dieser ganzen Gesellschaft das Gepräge gab.

Ursprünglich war also die römische Villa ein Stück absolutes Eigentum, auf dem die Güterproduktion vor sich ging durch Anwendung von Sklavenarbeit auf die natürlichen Ressourcen des Ortes; und diese Sklavenarbeit war ebenso das Eigentum des Herrn wie der Grund und Boden selbst.

Die erste Veränderung dieser Ordnung in der neuen Gesellschaft, die sich mit der Entwicklung und Befestigung der Kirche in der römischen Welt bildete, bestand in einer Art Gewohnheitsrecht, welches das alte Verhältnis der Rechtlosigkeit des Sklaven verschob.

Der Sklave blieb auch künftig Sklave, aber es entsprach bei dem Verfall der Verkehrsmittel und der staatlichen Macht einerseits mehr der Bequemlichkeit und war andererseits auch in besserer Übereinstimmung mit dem sozialen Sinn der Zeit, wenn man die Leistung des Sklaven fixierte, indem man von ihm nicht mehr als bestimmte herkömmliche Abgaben und Leistungen verlangte. Der Sklave und seine Nachkommenschaft wurden mehr oder weniger an die Scholle gebunden. Zwar fand immer noch teilweise Menschenhandel statt, aber es kam dies immer seltener vor. Im Verlauf der Zeitalter lebte ein immer größerer Teil der Sklaven dort und so, wie ihre Väter gelebt hatten, die von ihnen gebauten Produkte wurden mehr und mehr auf einen bestimmten Betrag fixiert, mit dessen Einhebung der Grundherr sich begnügte, ohne mehr zu verlangen. Diese Ordnung bewährte sich gut, weil man dem Sklaven den ganzen Überschuß seines Arbeitsprodukts überließ. Bei dem Fehlen staatlicher Gewalten und bei dem Verfall des alten, stark zentralistischen und kräftigen Systems, welches dem Herrn immer den Anspruch auf den vollen Arbeitsertrag des Sklaven verschafft hätte, war diese Lösung sozusagen ein stillschweigender Vertrag. Dieser Vertrag besagte, daß, wenn das Sklavenvolk der Villa ein bestimmtes durch das Herkommen fixiertes Mindestmaß von Gütern aus dem Grund und Boden der Villa herauswirtschaftete, der Grundherr dafür, daß er ihnen den ganzen Überschuß überließ, immer auf die gleiche Arbeitsleistung der Sklaven rechnen konnte, wobei die Sklaven natürlich diesen Überschuß, wenn sie wollten, immer weiter vergrößern konnten.

Nachdem dieser Prozeß allmählich schon etwa dreihundert Jahre funktioniert hatte, begann um das neunte Jahrhundert im abendländischen Christentum sich eine neue bestimmte Form einer Produktionseinheit herauszubilden. Der alte uneingeschränkte Grundbesitz des Grundherrn wurde in drei Teile geteilt. Ein Teil war Weide und Ackerland, dem Grundherrn allein vorbehalten und hieß domanium, d. i. Herrenland. Ein anderer war von den damaligen Sklaven okkupiert und (praktisch, wenn auch nicht rechtlich) fast schon in deren Besitz. Ein dritter Teil war Gemeindeland, über das sowohl der Grundherr als auch die Sklaven je verschiedene Rechte hatten, die durch das Gewohnheitsrecht peinlich eingehalten und heilig gehalten wurden. Wenn es z. B. in einem bestimmten Dorf Buchenweide für 300 Schweine gab, so konnte der Grundherr etwa nur 50 Schweine dort weiden lassen, für 250 hatte das »Dorf« die Weideberechtigung.

Auf dem Herrenlande, dem ersten dieser drei Teile, geschah die Güterproduktion durch Sklaven, die während bestimmter Arbeitsstunden dienstpflichtig waren. Der Sklave mußte an gewissen Tagen der Woche auf dem Herrenhof erscheinen oder bei dieser oder jener Gelegenheit (was alles fixiert und durch Herkommen geregelt war), um das Herrenland für den Grundherrn zu pflügen; sein ganzes Arbeitsprodukt gehörte dem Grundherrn, wofür er natürlich täglich einen Naturallohn erhielt, denn der Arbeiter mußte leben.

Auf dem zweiten Teil, dem »Dienstland«, das fast immer den größten Teil des Ackerbodens und des Weidelands der Villa umfaßte, arbeiteten die Sklaven nach Regeln und Herkommen, die sie sich allmählich selbst gesetzt hatten. Sie arbeiteten unter einem eigenen Leiter, der manchmal ernannt, manchmal gewählt war; praktisch war dies fast immer ein ihnen genehmer, mehr oder weniger von ihnen gewählter Mann. Allerdings galt für diese genossenschaftliche Arbeit auf dem alten Sklavenland das allgemeine Gewohnheitsrecht des Dorfes, an das sowohl der Grundherr als auch die Sklaven gebunden waren, und der oberste Beamte für beide Kategorien des Grund und

Bodens war der Verwalter oder Meier des Grundherrn.

Von den von den Sklaven so produzierten Gütern war ein bestimmter (ursprünglich in natura geschätzter) Teil an die grundherrliche Rechnungskammer abzuführen und wurde Eigentum des Grundherrn.

Auf dem dritten Teil der Flur schließlich, der »Brache«, dem »Walde«, der »Heide« und bestimmten Gemeinweiden, wurde wie anderswo mittels Arbeit ehemaliger Sklaven produziert, der Ertrag aber nach den Regeln der Gewohnheit anteilmäßig zwischen Sklaven und Herrn geteilt. Die Wiesen z. B. waren Hutweide für eine gewisse Anzahl von Rindvieh; die Zahl war genau bestimmt; soundso viele Tiere durften der Grundherr, soundso viele die Dorfbewohner auf die Weide schicken.

Im Verlauf des 8., 9. und 10. Jahrhunderts erstarrte dieses System und wurde in den Augen der Leute etwas so Natürliches, daß das ursprüngliche Sklavenverhältnis des Arbeitsvolkes auf der Villa in Vergessenheit geriet.

Urkunden aus dieser Zeit sind selten. Diese drei Jahrhunderte sind der Schmelztiegel Europas, und die Berichte sind verschwunden und verbrannt. Unser Wissen über die gesellschaftlichen Verhältnisse jener Zeiten, insbesondere gegen Ende der Periode, beruht mehr auf Rückschlüssen als auf urkundlichen Beweisen. Aber der Menschenhandel, die Ausnahme schon zu Beginn dieses Zeitalters, ist gegen Ende derselben so gut wie unbekannt. Abgesehen von den Haussklaven innerhalb des privaten Haushalts, ist die Sklaverei in dem alten Sinne, den das heidnische Altertum mit diesem Begriff verband, aus der allgemeinen Erinnerung verschwunden, und als mit dem 11. Jahrhundert das eigentliche Mittelalter die dunklen Jahrhunderte ablöste und eine neue Kulturblüte entstand, da wurde zwar noch das alte Wort servus (die lateinische Bezeichnung fur einen Sklaven) für einen Menschen, der den Boden bebaut, gebraucht, seine Lage aber ist in den jetzt zahlreich vorhandenen Urkunden vollständig verändert. Wir können sicherlich nicht länger das Wort »servus« mit »Sklave« übersetzen, wir müssen einen neuen Terminus mit ganz verschiedener Nebenbedeutung wählen, nämlich das Wort »Leibeigener« oder »Höriger« (englisch: serf).

Der Hörige des frühen Mittelalters, des 11. und des frühen 12. Jahrhunderts, der Zeit der Kreuzzüge und der normannischen Eroberung, ist schon fast ein Bauer. In der Rechtstheorie erscheint er freilich an die Scholle gefesselt, wo er geboren ist. In der sozialen Praxis aber wird von ihm nur verlangt, daß seine Familie ihren Anteil am Dienstland beackere und daß die Abgaben an den Grundherrn durch Landflucht keine Einbuße erleiden. Ist diese Pflicht erfüllt, so ist es den zur Sklavenklasse Gehörenden ein leichtes und allgemein üblich, einen gewerblichen Beruf zu ergreifen, Kleriker zu werden oder zu roden; sie konnten auch als tatsächlich Freie in den sich entwickelnden städtischen Gewerben unterkommen. Von Generation zu Generation trat die alte Auffassung vom Arbeiterstand als eines Sklavenverhältnisses mehr und mehr zurück, und die Gerichte wie die gesellschaftliche Praxis behandeln ihn mehr und mehr als einen Menschen, der zwar zu bestimmt geregelten Abgaben und zu bestimmten regelmäßig wiederkehrenden Arbeitsleistungen innerhalb seiner Wirtschaftseinheit verpflichtet, in allem übrigen aber ein freier Mann ist.

Mit der Entwicklung der mittelalterlichen Kultur, mit steigendem Wohlstand und zunehmender Blüte der Gewerbe wird diese Freiheit noch stärker betont. Trotz gelegentlicher Versuche, in Notjahren (z. B. nach einer Seuche) aus den alten Rechten auf Zwangsarbeit zu bestehen, war die Gewohnheit, diese Rechte durch Geldleistungen und Abgaben abzulösen, schon zu stark geworden, um Widerstand zu finden.

Wer etwa zu Ende des 14. oder zu Beginn des 15. Jahrhunderts einen Baron auf seinem Landsitz in Frankreich oder England besuchte, dem würde dieser erzählt haben: »Dies alles, was Sie da sehen, ist mein Grund und Boden.« Aber ebenso würde der Bauer (wie er damals war) von seinem Besitz gesagt haben: »Dies ist mein Grund und Boden.« Er durfte nicht vertrieben, werden. Die Abgaben, die er nach Herkommen zu leisten verpflichtet war, bildeten nur einen Bruchteil seines gesamten Produkts. Er konnte es nicht immer verkaufen, aber er erbte vom Vater auf den Sohn; alles in allem ist der Sklave am Ende dieses langen Entwicklungsprozesses von tausend Jahren in allen gewöhnlichen gesellschaftlichen Belangen ein freier Mann. Er kauft und verkauft. Er spart nach Belieben, er legt an, er baut, er entwässert nach Belieben, und wenn er den Grund und Boden melioriert, so hat er den Nutzen davon.

Mittlerweile wurden neben und mit dieser Befreiung des Menschen, der direkt vom alten Vollsklaven der römischen Villa abstammte, im Mittelalter zahlreiche Einrichtungen geschaffen, die sämtlich ebenso auf eine gleichmäßige Verteilung des Eigentums und auf die Zerstörung der letzten Überbleibsel des damals schon vergessenen Sklavenstaates hinausliefen. So war die mannigfaltige wirtschaftliche Tätigkeit in den Städten, im Verkehrsgewerbe, in den Handwerken und im Handel nach *Gilden* oder *Zünften* organisiert. Eine Gilde war eine teilweise genossenschaftliche Vereinigung, in der Hauptsache aber bestehend aus einzelnen Kapitalbesitzern mit körperschaftlicher Selbstverwaltung, und hatte den Zweck, die Konkurrenz der Mitglieder auszuschalten. Sie sollte verhindern, daß der eine auf Kosten des anderen aufsteigen würde. Vor allem aber war die Gilde eifrigst darauf bedacht, daß das Eigentum gleichmäßig verteilt blieb, so daß sich innerhalb ihrer weder ein Proletariat, noch ein Kapitalmonopol bilden konnte.

Wenn einer in eine Gilde eintrat, mußte er zuerst eine Lehrzeit durchmachen, während der er für einen Meister arbeitete; mit der Zeit wurde er dann selbst Meister. Das Vorhandensein solcher Verbände als typische Einheiten gewerblicher Produktion, des Handelsbetriebs, des Verkehrsgewerbes spricht eine deutliche Sprache, von welcher Art die soziale Gesinnung war, die auch dem Landarbeiter die Freiheit verschafft hatte. Und während solche Einrichtungen neben den nicht länger mehr sklavischen Dorfgemeinschaften blühten, entwickelte sich auch immer mehr das freibäuerliche Eigentum, ein absolutes Bodenbesitzrecht zum Unterschied vom Besitzrecht des Leibeigenen unter einem Grundherrn.

Diese drei Formen des Arbeitsverhältnisses oder der Arbeitsgestaltung: der Leibeigene in gesicherter Stellung, belastet nur mit regelmäßigen Abgaben, die aber nur einen Bruchteil seines Produkts bildeten; der Freisasse (Freeholder), unabhängig und nur zu Geldleistungen verpflichtet, die mehr den Charakter einer Steuer als einer Rente hatten; die Gilde, in der das gleichmäßig verteilte Kapital genossenschaftlich im Handwerk, im Verkehr und Handel arbeitete – diese drei Arten miteinander schufen gemeinsam eine Gesellschaft, die grundsätzlich auf dem Eigentum beruhen sollte. Alle oder möglichst viele – die normale Familie – sollten etwas ihr eigen nennen. Und auf dem Besitz sollte die Freiheit des Staates beruhen.

Der Staat selbst war nach der Vorstellung, die sich die Menschen gegen Ende dieses Entwicklungsprozesses von ihm gebildet hatten, eine Anhäufung von Familien mit verschieden großem Wohlstand, von denen aber der weitaus größere Teil Produktionsmittelbesitzer waren. Es war dies eine Agglomeration, bei der die Dauerhaftigkeit dieses *Verteilungssystems* oder dieser ausgleichenden, also *distributiven* Verteilung (wie ich dieses System genannt habe) gewährleistet wurde durch die genossenschaftlichen Verbände, die Menschen des gleichen Handwerks oder des gleichen Dorfes miteinander verbanden. Sie bewahrten den kleinen Eigentümer vor dem Verlust seiner wirtschaftlichen Unabhängigkeit und zugleich die Gesellschaft vor der Entstehung eines Proletariats. Wenn die Freiheit von Kauf und Verkauf, von Verpfändung und die Testierfreiheit eingeschränkt wurde, so geschah dies, um die Entstehung einer wirtschaftlichen Oligarchie zu verhüten, welche die übrige Gemeinschaft hätte ausbeuten können. Die Freiheitsbeschränkungen waren Beschränkungen zum Zwecke der Erhaltung der Freiheit. Alles, was das Mittelalter tat, von der Blüte des Mittelalters bis zum Herannahen der Katastrophe, hatte den Sinn, einen Staat zu schaffen, in dem die Menschen durch Besitz von Kapital und Grund und Boden wirtschaftlich frei sein sollten.

Abgesehen von gelegentlichen Rechtsformeln oder seltenen vereinzelten und exzentrischen Fällen, war das Institut der

Sklaverei vollständig verschwunden, aber man darf nun nicht denken, daß irgend etwas, was an Kollektivismus erinnert, an dessen Stelle trat. Wohl gab es Gemeindeland, aber dieses Gemeindeland wurde eifersüchtig überwacht von Leuten, die anderseits Privateigentümer von anderem Grund und Boden waren. Das Gemeineigentum im Dorf war nur eine einzelne Besitzform und bildete nicht etwa eine irgendwie besonders heilige Besitzform, sondern diente gleichsam als Schwungrad, um den regelmäßigen Gang des genossenschaftlichen Apparats zu sichern. Auch die Gilden hatten gemeinsames Eigentum, aber dieses Eigentum, wie Verkaufshallen, Unterstützungsfonds, religiöse Stiftungen, war für ihr genossenschaftliches Leben notwendig. Was das Handwerkszeug betrifft, so gehörte dieses den Mitgliedern persönlich, nicht der Gilde, außer wenn es sich um so kostspielige Geräte handelte, daß sie von Gemeinschafts wegen angeschafft werden mußten.

Solcherart war die Umwandlung, von der im Verlaufe von zehn christlichen Jahrhunderten die europäische Gesellschaft ergriffen wurde. Die Sklaverei verschwand, und an ihre Stelle war der freie Besitz getreten, der das Normale für die Menschen und das für ein glückliches menschliches Leben Gemäße zu sein schien. Für diesen Zustand erfand man keinen besonderen Namen. Heute und in der Gegenwart, wo dieser Zustand aufgehört hat, müssen wir einen Hilfsbegriff ersinnen; wir sagen demgemäß, daß das Mittelalter instinktiv den *distributiven Staat,* d. h. die gesellschaftliche Regelung oder Normalisierung der Verteilung, ersonnen und verwirklicht hat.

Diese ausgezeichnete Erfüllung des Sinnes menschlicher Gesellschaft ist, wie wir wissen, endgültig vorbei und wurde in gewissen Teilen Europas, ganz besonders in Britannien, zerstört.

An Stelle einer Gesellschaft, in der die überwiegende Masse der Familien Kapital und Boden zu eigen besaßen, an Stelle einer Gesellschaft, in der die Produktion durch sich selbst verwaltende Verbände kleiner Eigentümer geregelt ward, einer Gesellschaft, in der das Elend und die Unsicherheit eines Proletariats unbekannt waren, an die Stelle einer so organisierten

Gesellschaft trat die schreckliche moralische Anarchie, gegen die sich heute alle moralischen Kräfte kehren und die unter dem Namen *Kapitalismus* bekannt ist.

Wie kam es zu dieser Katastrophe? Wie ward sie möglich und auf Grund welches historischen Prozesses mästete sich dieses Ungeheuer? Was verwandelte ein wirtschaftlich freies England in das England von heute, wie wir es kennen, wo mindestens ein Drittel der Bevölkerung in Dürftigkeit lebt, 97 Prozent kapital- und landlos sind und wo das ganze nationale Wirtschaftsleben in wirtschaftlicher Beziehung von ein paar Zufallsherren von Millionen, ein paar Beherrschern unsozialer und unverantwortlicher Monopole regiert wird?

Die Antwort auf diese Grundfrage unserer Geschichte, die man am häufigsten hört und die am bereitwilligsten geglaubt wird, lautet, daß dieses Unglück durch einen materiellen Prozeß, durch die sogenannte *industrielle Revolution* entstanden sei. Durch die Verwendung kostspieliger Maschinen, durch die örtliche Vereinigung der Industrie und ihrer Apparate, sei, so stellt man sich vor, gewissermaßen blindwütend und sinnlos die Tätigkeit der englischen Menschen versklavt worden.

Diese Erklärung ist von Grund auf falsch. Nicht aus einer örtlichen materiellen Ursache erklärt sich die Entartung, unter der wir leiden.

Es war bewußtes Handeln von Menschen, böser Wille bei den wenigen und Gleichgültigkeit bei den Massen, was eine Katastrophe herbeiführte, die so menschlich war in ihren Ursachen und Anfängen wie entsetzlich in ihren Wirkungen.

Der Kapitalismus entstand nicht aus der industriellen Bewegung und nicht infolge von materiellen Erfindungen. Ein bißchen Geschichtskenntnis und ein wenig Ehrlichkeit beim Geschichtsunterricht würden das ausreichend beweisen.

Das Industriesystem war eine Folgeerscheinung, eine Wirkung des Kapitalismus, aber nicht dessen Ursache. Kapitalismus hat es in England schon gegeben, als das Industriesystem noch nicht existierte, vor der Verwendung der Kohle und der neuen kostspieligen Maschinen, vor der Konzentration der sachlichen Produktionsmittel in den großen Städten. Hätte es vor der industriellen Revolution keinen Kapitalismus gegeben, so wäre diese Revolution vielleicht für England ein solcher Segen geworden, wie sie ein Fluch gewesen ist. Aber der Kapitalismus – d. h. die Aneignung der Lebensquellen durch einige wenige – war eben schon längst vor den großen Erfindungen da. Er verkehrte die möglichen günstigen Wirkungen dieser Entdeckungen und Erfindungen und verwandelte sie aus einem Segen in einen Fluch. Nicht durch die Maschinen haben wir unsere Freiheit verloren; wir hatten die Freiheit des Geistes eingebüßt.

Vierter Abschnitt

Wie der distributive Staat, das System der gesellschaftlichen Regelung der Verteilung, Schiffbruch litt

Am Ende des Mittelalters waren die Staaten der abendländischen Christenheit, darunter auch England, wirtschaftlich frei.

Das Privateigentum war eine mit dem Staate untrennbar verbundene Einrichtung, deren sich die große Masse der Bürger erfreute. Genossenschaftliche Anstalten, freiwillige Regelungen der Arbeit beschränkten den völlig freien Gebrauch des Eigentums durch die Besitzenden nur zu dem Zwecke, um diese Einrichtung unversehrt zu erhalten und die Einverleibung des kleinen durch das große Eigentum zu verhindern.

Diese ausgezeichnete Lage der Dinge, die wir nach vielen Jahrhunderten christlicher Entwicklung erreicht hatten, während der das alte Institut der Sklaverei endgültig aus der christlichen Welt verschwand, hatte nicht überall Bestand. Insbesondere ging sie in England zugrunde. Die Keime des Unheils wurden im 16. Jahrhundert gesät. Zum ersten Mal sichtbar wurden die Folgen im 17. Jahrhundert. Im Verlaufe des 18. Jahrhunderts wurde England noch unsicher, aber endgültig auf proletarische Grundlage gestellt, d. h. es ist schon eine Gesellschaft geworden, in der auf der einen Seite die Reichen die Produktionsmittel besaßen, während auf der anderen Seite die Mehrheit der Produktionsmittel beraubt war. Im 19. Jahrhundert reifte die Unheilssaat, und noch vor Ende des Jahrhunderts war England ein rein kapitalistischer Staat, der Typus und das Muster des Kapitalismus für die ganze Welt geworden: die Produktionsmittel im festen Besitz einer sehr kleinen Gruppe von Bürgern, die ganze übrige Nation ohne Kapital und ohne Grund und Boden und daher auch ohne jede Sicherheit und vielfach auch ohne zulängliches Auskommen. Die große Masse der Engländer, zwar noch im Besitze der politischen Freiheit, entbehrte je länger desto mehr die Elemente der wirtschaftlichen Freiheit und befand sich in einer schlechteren Lage, als freie Bürger jemals in der europäischen Geschichte sich befunden haben.

Wie vollzog sich schrittweise die große Katastrophe, die über uns hereinbrach?

Der erste Schritt in diesem Drama bestand in dem Mißbrauch einer wirtschaftlichen Umwälzung, die das 16. Jahrhundert kennzeichnet. Der Grundbesitz und das ersparte Vermögen der Klöster wurden den bisherigen Besitzern weggenommen, um auf die Krone übertragen zu werden, aber diese Werte gelangten in Wirklichkeit nicht an die Krone, sondern in die Hand einer schon reichen Gruppe im Staat, die, nach Beendigung dieses Besitzwechsels, in den folgenden hundert Jahren die herrschende Macht in England wurde.

Was sich ereignete, war folgendes:

England zu Beginn des 16. Jahrhunderts, das England, dessen mächtige Krone der junge Heinrich VIII. geerbt hatte, war ein Land, in welchem die große Masse der Einwohner den Boden, den sie beackerten, die Häuser, in denen sie wohnten, und die Werkzeuge, mit denen sie arbeiteten, zwar als Eigentum besaßen, aber auch ein Land, in dem diese Güter zwar allgemein, aber ungleichmäßig verteilt waren.

Wie heutzutage, so bildeten auch damals der Boden und die fixen, mit dem Boden verbundenen Werte die Grundlage des ganzen Vermögens, aber das Wertverhältnis zwischen Grund und Boden und seinem fixen Zubehör (Pertinenzien) einerseits und den übrigen Produktionsmitteln (Werkzeugen, Kleidungs- und Lebensmittelvorräten usw.) andererseits war ein anderes als heutzutage. Von den gesamten Produktionsmitteln entfiel ein sehr viel größerer Bruchteil als heutzutage auf Grund und Boden samt Zubehör. Heutzutage bilden diese kaum die Hälfte der gesamten nationalen Produktionsmittel; Grund und Boden und die darauf inkorporierten fixen Werte sind zwar auch heute noch die notwendige Grundlage jeglicher Güterproduktion, aber unsere großen Maschinen, unsere Nahrungsmittel- und

Bekleidungsvorräte, unsere Kohle und Öl, unsere Schiffe usw. übertreffen jene an wirklichem Wert. Diese repräsentieren einen größeren Wert als das Ackerland und die Weidefläche, als der Anlagewert der Häuser, der Werften und Docks usf. Hingegen waren zu Beginn des 16. Jahrhunderts Grund und Boden samt fixem Zubehör viel mehr wert als alle anderen Vermögensformen zusammen.

Nun aber befand sich am Ende des Mittelalters in England mehr als in irgendeinem westeuropäischen Staate diese Vermögensform schon in der Hand einer reichen, grundbesitzenden Klasse. Mangels genauer Statistiken, die es noch nicht gab, können wir nur allgemeine Behauptungen aufstellen, die auf Schlußfolgerungen und eigenen Untersuchungen beruhen. Aber grob gesprochen können wir sagen, daß von dem Gesamtwert des Grund und Bodens samt fixem Zubehör wahrscheinlich über ein Viertel und nicht ganz ein Drittel sich in der Hand dieser reichen Klasse befand.

Das damalige England war in der Hauptsache ein Agrarstaat mit vier bis sechs Millionen Einwohnern; in jeder ländlichen Gemeinde besaß der englische Grundherr der »Lord« wie er in der Gesetzessprache, oder der »Ritter«, »Squire«, wie er in der Umgangssprache hieß, eine größere Domäne (»demesneland«, »Saalland«, »Hoffeld«) als in irgendeinem sonstigen Land. Durchschnittlich gehörte ihm, wie ich eben sagte, über ein Viertel, vielleicht sogar ein Drittel der Dorfflur absolut zu eigen, in den Städten war die Verteilung etwas gleichmäßiger. Manchmal war der Grundherr ein Privatmann, manchmal war es eine Körperschaft, die diesen Besitz inne hatte, aber in jedem Dorfe finden wir die Domäne, das Herrenland, im absoluten Eigentum der politischen Spitze des Dorfes, die so einen großen Teil der dörflichen Flur für sich mit Beschlag belegte. Der übrige Grund und Boden samt den dazugehörigen, untrennbar damit verbundenen Häusern und Inventar war als Eigentum an die weniger begüterte Bevölkerung verteilt, zahlte aber dem Grundherrn bestimmte Abgaben, und – was noch wichtiger ist – der Grundherr hatte die lokale Gerichtsbarkeit.

Diese Klasse von reichen Grundbesitzern waren für die nächsten hundert Jahre zugleich auch die Richter, von denen die Lokalverwaltung abhing.

Diese Sachlage hätte allmählich zu einem Emporkommen des Bauernstandes und zum Verfall der Grundherrschaft führen können. Dies war auch tatsächlich in Frankreich der Fall und hätte in England genau so kommen können. Eine kaufkräftige Bauernschaft hätte allmählich ihren Besitz auf Kosten des herrschaftlichen Landes erweitern können, und zu der nahezu ideal vollkommenen *allgemeinen* Verteilung des Eigentums wäre ein anderes, ausgezeichnetes Element: die *gleichmäßige* Verteilung dieses Eigentums hinzugekommen. Aber dieser Prozeß einer allmählichen Verdrängung der Großgrundbesitzer durch Aufkauf seitens der kleinen Grundbesitzer, der so natürlich und der Sinnesart von uns Europäern so naturgemäß gewesen wäre und der sich fast überall da vollzogen hat, wo die volkstümlichen Instinkte sich frei entfalten durften, wurde in England durch eine künstliche Revolution höchst gewalttätiger Art unterbrochen. Diese künstliche Revolution bestand in der Einziehung des Grundbesitzes der Klöster durch die Krone.

Es ist wichtig, das Wesen dieses Vorgangs genau zu verstehen, denn die ganze wirtschaftliche Zukunft Englands ward dadurch bestimmt.

Vom gesamten Domanial- oder Herrenland und der mit der Ortsverwaltung verbundenen Machtbefugnis (ein sehr wichtiger Umstand, wie wir bald sehen werden) befand sich über ein Viertel in den Händen der Kirche; die Kirche war daher der »Grundherr« (der »Lord«) von 25 bis 28 Prozent, vielleicht von 30 Prozent der englischen Landgemeinden und über den gleichen Teil der ganzen englischen Agrarproduktion endgültig verfügungsberechtigt. Die Kirche war ferner praktisch Alleineigentümer von etwa 30 Prozent des Herrenlandes in den Dörfern und Empfänger von ebenfalls 30 Prozent der herkömmlichen Abgaben usw., die von den kleinen an die großen Besitzer zu entrichten waren. Diese ganze wirtschaftliche Macht lag bis 1535 in den Händen der Kathedralkapitel, Gemeinschaften von

Mönchen und Nonnen, klerikalen Erziehungsanstalten usw. Als der Klosterbesitz von Heinrich VIII. konfisziert wurde, verschwand damit diese ganze riesige wirtschaftliche Macht nicht plötzlich. Der weltliche Klerus blieb in seinem Besitz, und die meisten Erziehungsanstalten behielten ein, wenn auch verringertes Einkommen; aber wenn auch nicht die ganzen 30 Prozent, so waren es immerhin 20 Prozent, die beschlagnahmt wurden, und die durch diese bedeutende Operation bewirkte Revolution war die vollständigste, plötzlichste und folgenschwerste von allen, die je in der Wirtschaftsgeschichte eines europäischen Volkes vorgekommen ist.

Es bestand zunächst die *Absicht,* diese große Masse von Produktionsmitteln der Krone vorzubehalten; dies muß jeder im Auge behalten, der die Geschichte der englischen Vermögen studiert und über den Gegensatz zwischen dem alten und dem neuen England erstaunt ist.

Wäre diese Absicht entschieden verwirklicht worden, so wären der englische Staat und die englische Regierung die mächtigsten in Europa geworden.

Die Exekutive (d. h. für die damalige Zeit der König) hätte besser als jede andere der Christenheit die Gelegenheit gehabt, den Widerstand der Reichen zu brechen, ihre politische Macht auf eine wirtschaftliche Macht aufzustützen und das soziale Leben der Untertanen zu ordnen.

Hätten Heinrich VIII. und seine Nachfolger den konfiszierten Grundbesitz behalten: die Macht der französischen Monarchie, die unser Staunen erregt, wäre ein Nichts gewesen im Vergleich zur Macht der englischen.

Der König von England hätte über ein Werkzeug der unbeschränktesten Herrschaft verfügt. Er hätte es, wie man annehmen darf, ebenso, wie eine starke Zentralregierung es immer zu tun pflegt, zur Schwächung der reicheren Klassen und indirekt zum Nutzen der breiten Masse des Volkes verwendet. Auf alle Fälle wäre ein von dem heutigen England sehr verschiedenes England entstanden, wenn der König nach Auflösung der Klöster an seinem Besitz festgehalten hätte.

Gerade hier liegt der springende Punkt dieser großen Revolution. *Dem König gelang es nicht, das eingezogene Land zu behalten.* Jene schon vorhandene Klasse der großen Grundeigentümer, die, wie gesagt, ein Viertel bis ein Drittel des gesamten landwirtschaftlichen Vermögens von England beherrschte, erwies sich stärker als die Monarchie. Sie verlangten, daß der Grund und Boden ihnen überlassen werde, teils unentgeltlich, teils für lächerlich kleine Beträge, und sie waren im Parlament und durch die Lokalverwaltung, die sie innehatten, stark genug, um ihre Ansprüche durchzusetzen. Was die Krone damals verlor, war für sie endgültig verloren, und im Laufe der Jahre wurde der ehemalige klösterliche Grundbesitz mehr und mehr das absolute Eigentum der großen Grundeigentümer.

Beachten wir die Folgen. In ganz England wurden diejenigen Leute, die bis dahin schon ein theoretisch absolutes Eigentum von ein Viertel bis ein Drittel des Bodens, der Pflüge, der Scheunen eines Dorfes hatten, in wenigen Jahren Besitzer eines weiteren großen Teiles der nationalen Produktionsmittel, was die Lage völlig zu ihren Gunsten verschob. Sie fügten zu ihrem Drittel ein neues zusätzliches Fünftel. Sie wurden auf einen Schlag Besitzer der Hälfte des Bodens im Lande! In vielen Mittelpunkten von besonderer Bedeutung gelang es ihnen, mehr als die Hälfte des ganzen Bodens ihr eigen zu nennen. In vielen Bezirken hatten sie nicht nur die unbestrittene Überlegenheit, sondern waren geradezu die wirtschaftlichen Beherrscher der übrigen Gemeinschaft. Sie konnten am vorteilhaftesten kaufen. Sie führten ganz genaue Rechnung und sahen auf jeden Schilling an Abgaben und Renten, wo die alten geistlichen Grundherren sich nach dem Herkommen richteten und dem Pächter vieles schenkten. Sie begannen die Universitäten, das Gerichtswesen zu beherrschen. Die Krone hatte in Streitfällen zwischen Großen und Kleinen immer weniger zu sagen. Die Großen konnten immer mehr Entscheidungen zu ihren Gunsten treffen. Durch dieses Vorgehen hatten sie sich bald in den Besitz der Hauptmasse der Produktionsmittel gesetzt, und alsbald setzte der Prozeß ein, daß die kleinen unabhängigen

Leute von den Großen aufgefressen wurden, und so bildeten sich im Laufe weniger Menschenalter jene großen Landgüter, die schließlich das ganze Dorf umfaßten. Für ganz England gilt, daß die großen herrschaftlichen Häuser aus der Zeit dieser Revolution oder kurz nachher stammen. Der Gutshof, das Haus der einstigen mittelalterlichen Lokalgröße, zeigt uns, wo er sich hier und da erhalten hat, die ungeheuren Wirkungen dieser Revolution. Das niedrige Holzhaus mit seinen Gehöften und Nebengebäuden, nur ein größeres Landhaus unter vielen anderen, verwandelt sich nach der Reformation und seither in ein herrschaftliches Schloß. Abgesehen von den großen Burgen (die übrigens von der Krone abhängig waren, aber nicht zum Eigentum gehörten), lebte die vorreformatorische Gentry in größerem Reichtum als die übrigen Landwirte ringsum, aber nicht als deren Herren. Nach der Reformation entstanden in ganz England jene großen »Landsitze«, die alsbald die typischen Mittelpunkte des ländlichen Lebens in England wurden.

Als dieser Prozeß im besten Gange war, starb Heinrich. Zum Unglück für England hinterließ er als Erben ein schwächliches Kind, während dessen sechsjähriger Regierung von 1547 bis 1553 das Schicksal seinen verheerenden Lauf nahm. Als nach dessen Tod Maria auf den Thron kam, ging die Plünderung in rasendem Tempo weiter. Eine große Anzahl neuer Familien war emporgekommen, unverhältnismäßig reich im Vergleich zu dem, was das ältere England gekannt hatte, und durch ein gemeinsames Interesse mit den alten Familien, die sich an dem Raub beteiligt hatten, verbunden. Jeder einzelne, der im Parlament einen Landbezirk vertrat, verlangte einen Preis dafür, daß er für die Aufhebung der Klöster gestimmt hatte, und jeder bekam ihn auch. Ein Verzeichnis der Mitglieder des Aufhebungsparlaments beweist dies zur Genüge; überdies hatte auch abseits von ihrer parlamentarischen Macht diese Klasse noch hundert andere Wege, um ihren Willen durchzusetzen. Die Howards (die schon ein paar Ahnen hatten), die Cavendishes, die Cecils, die Russels und fünfzig andere neue Familien entstanden so auf den Trümmern der Religion, und dieser Prozeß ging weiter, bis, etwa hundert Jahre seit seinem Beginn, ganz England ein anderes Gesicht hatte.

An Stelle einer mächtigen Krone, die über weit größere Einkünfte verfügte als irgendein Untertan, haben wir jetzt eine Krone, die sich trotz des Geldes nicht zu helfen weiß und von Untertanen beherrscht wird, von denen einige ihr an Reichtum gleichkommen und die insbesondere durch das Parlament (das sie jetzt beherrschen) mit dem Staate tun, was sie wollen.

Mit anderen Worten: im ersten Drittel des 17. Jahrhunderts, um 1630 bis 1640, war die wirtschaftliche Revolution endgültig vollzogen, und die neue wirtschaftliche Wirklichkeit, die die alten Traditionen Englands verdrängte, war eine mächtige Oligarchie großer Grundbesitzer, die eine verarmte und bedeutungslos gewordene Monarchie in den Schatten stellte.

Noch andere Gründe haben zu diesem betrüblichen Ergebnis beigetragen. Der veränderte Geldwert hatte die Krone sehr hart betroffen;[7] die eigentümliche Geschichte der Familie Tudor, ihre heftigen Leidenschaften, ihr Mangel an Entschlußkraft und an jeglicher Stetigkeit in der Politik, in gewissem Maße auch der Charakter Karls I. und viele andere Gründe können zur Erklärung herangezogen werden. Die ganz entscheidende Tatsache aber, die alles Weitere erklärt, ist die, daß der Klosterbesitz, d. h. mindestens ein Fünftel des nationalen Vermögens, den großen Grundbesitzern überlassen wurde, und daß durch diese Wertverschiebung das Pendel völlig zugunsten der großen Grundbesitzer und zuungunsten der Bauernschaft ausschlug.

Die geschwächte und verarmte Krone konnte nicht länger standhalten. Sie kämpfte gegen den neuen Reichtum den Kampf der Bürgerkriege und wurde vollständig geschlagen. Als es endlich im Jahre 1660 zu einer Regelung kam, da sehen wir,

7 Die Kaufkraft des Geldes sank in diesem Jahrhundert auf etwa ein Drittel ihres ursprünglichen Maßes. Mit 3 £ z. B. konnte man unter Karl I. nur so viele Bedarfsgegenstände kaufen wie mit 1 £ unter Heinrich VIII. Nun waren fast alle *Einnahmen* der Krone durch *Herkommen* geregelt, alle *Ausgaben* aber wurden *aufgewertet*. Die Krone nahm immer noch 1 £ ein, wo sie allmählich schon 3 £ auszahlen mußte.

daß die ganze wirkliche Macht in der Hand einer kleinen, aber mächtigen Klasse von Reichen liegt, der König ist zwar noch bekleidet mit den Formen und Traditionen seiner alten Macht, in Wirklichkeit aber eine besoldete Puppe. In der sozialen Welt aber, welche allen politischen Erscheinungen zugrunde liegt, war die maßgebende Tatsache die, daß einige wenige reiche Familien sich in den Besitz der wichtigsten Produktionsmittel in England gesetzt hatten, während diese Familien zugleich die ganze Lokalverwaltung ausübten und überdies die Gerichtsbarkeit, das höhere Bildungswesen, die Kirche beherrschten und die militärischen Führer stellten. Sie hatten alles, was von einer Zentralregierung in England noch übrig war, für sich mit Beschlag belegt.

Wählen wir als Ausgangspunkt für die Folgezeit das Jahr 1700. Um diese Zeit waren mehr als die Hälfte aller Engländer ohne alles Kapital und ohne Grundbesitz. Unter je zweien bewohnte, auch wenn wir die ganz kleinen Besitzer mitrechnen, kaum einer ein Haus, das er sein sicheres Eigen nennen konnte, oder bebaute ein Stück Land, von dem er nicht hätte vertrieben werden können.

Ein solches Verhältnis würde uns heute als wunderbar freie Ordnung erscheinen, und sicherlich befänden wir uns in einer ganz anderen Lage als heutzutage, wenn auch nur die Hälfte der Bevölkerung Produktionsmittel besäße. Aber der Punkt, auf den es ankommt, ist, daß England, obschon die Lage im Jahre oder um das Jahr 1700 noch lange nicht so schlimm war wie heute, um diese Zeit schon *kapitalistisch* geworden war. England war schon dahin gelangt, daß ein großer Teil seiner Bevölkerung *proletarisiert* worden war, und es ist *nicht* die sogenannte »industrielle Revolution«, ein späteres Ereignis, woraus sich die schreckliche soziale Lage erklärt, in der wir uns heute befinden.

Wie richtig dies ist, dafür diene das, was ich in diesem Abschnitt noch zu sagen habe, zum Beweis.

In einem schon stark fluchbeladenen England mit einer sehr großen proletarischen Klasse, in einem England, das schon von einer herrschenden, im Besitz der Produktionsmittel befindlichen Kapitalistenklasse regiert wurde, trat eine große wirtschaftlich-industrielle Entwicklung ein.

Hätte diese industrielle Entwicklung in einem wirtschaftlich freien Volke stattgefunden, so hätte sie sich in genossenschaftlichen Formen vollzogen. Da sie aber bei einem Volke eintrat, das schon größtenteils seine wirtschaftliche Freiheit verloren hatte, so nahm sie von Anfang an eine *kapitalistische* Form an, behielt diese Form bei, erweiterte und vollendete sie im Verlauf von zweihundert Jahren.

Das Industriesystem entstand in England. In England bildeten sich all seine Traditionen und Gebräuche aus, und weil dieses England, in dem es entstand, schon ein kapitalistisches England war, so hat sich der moderne Industrialismus, der seinen Ursprung in England hatte, überall da, wo er heute verbreitet ist, nach dem kapitalistischen Vorbild gerichtet.

Im Jahre 1705 wurde die erste brauchbare Dampfmaschine von Newcomen in Betrieb gesetzt. Bevor diese Erfindung durch Watts Einführung des Kondensators in das große Produktionswerkzeug verwandelt wurde, das unsere ganze Wirtschaft umgestaltete, war ein Menschenleben vergangen; aber in diesen sechzig Jahren muß man die Ursprünge des Industriesystems suchen. Gerade vor Watts Patent erschien Hargraves Spinnmaschine. Dreißig Jahre vorher war es Abraham Derby von Colebrook Dale nach Abschluß einer langen Reihe von Versuchen, die sich über ein ganzes Jahrhundert erstreckten, endlich gelungen, Roheisen durch Koks zu schmelzen. Nicht ganz zwanzig Jahre später führte King die Schnellade, die erste große Verbesserung der Handweberei, ein. Im allgemeinen wird das Zeitalter dieser großen Umwandlung in England von einem Leben wie dem Dr. Johnsons ausgefüllt, der kurz nach Inbetriebsetzung von Newcomens Maschine geboren, 74 Jahre später, als das Industriesystem im vollsten Schwunge war, starb. Ein Mann, dessen Kindheitserinnerungen noch in die letzten Jahre der Königin Anna zurückreichten und der den Ausbruch der Französischen Revolution noch erlebte, sah vor seinen Augen jene Umwandlung der englischen Gesellschaft sich vollziehen, die sie zur Größe, aber auch vor Gefahren führte, in denen sie sich heute befindet.

Was war das charakteristische Merkmal dieses halben Jahrhunderts und der Folgezeit? Warum bescherten uns die neuen Erfindungen die unter dem Namen Industriestaat bekannte und verhaßte Gesellschaftsform? Warum verwandelte sich trotz riesig wachsender Produktionskräfte, zunehmender Bevölkerung und Vermögensbildung die große Masse der Engländer in ein von Armut geplagtes Proletariat, tat sich eine Kluft auf zwischen den Reichen und der ganzen übrigen Nation und entwickelten sich in vollstem Maße alle die Übel, die wir mit dem kapitalistischen Staate ursächlich in Verbindung setzen?

Auf diese Frage wurde bisher eine fast ebenso allgemein verbreitete wie unverständige Antwort gegeben. Diese Antwort ist nicht nur unverständig, sondern falsch, und ich werde hier zu zeigen haben, wie falsch sie ist. Die Antwort, die in zahllose Handbücher eingedrungen und auf an den englischen Universitäten gleichsam als ein Gemeinplatz gelehrt wird, lautet etwa so: Die neuen Produktionsmethoden – die neuen Maschinen, die neuen Verfahren – hätten schicksalsmäßig und von selbst den kapitalistischen Staat geschaffen, worin einige wenige im Besitze der Produktionsmittel, die große Masse aber Proletarier sein müßten. Die neuen Werkzeuge, so wird betont, seien so viel massiger und so viel kostspieliger gewesen als die alten, daß der kleine Mann außerstande war, sie anzuschaffen, während der Reiche, der sie sich leisten konnte, durch seine Konkurrenz den kleinen Besitzer zu einem Lohnempfänger herabdrückte und den unzulänglich ausgerüsteten Wettbewerber, der noch mit den alten und billigen Werkzeugen zu kämpfen versuchte, ausstach. Dazu kamen noch (so werden wir belehrt) die Vorteile der Betriebskonzentration, die für den großen Besitzer einen Vorteil, für den kleinen einen Nachteil bildeten. Nicht nur kosteten die neuen Produktionsinstrumente genau so viel mehr, als sie mehr leisteten, sondern sie leisteten auch, insbesondere nach Einführung der Dampfkraft, um so viel mehr, als es gelang, sie unter der Leitung weniger Menschen an wenigen Orten zu konzentrieren. Auf Grund solcher falschen Argumente wurden wir zu dem Glauben verleitet, daß die Schrecken des Industriestaats ein blindes und naturnotwendiges Ergebnis materieller, unpersönlicher Kräfte seien, und daß überall mit der Einführung der Dampfkraft, des mechanischen Webstuhls, des Hochofens usw. alsbald schicksalsmäßig eine kleine Gruppe von Besitzenden auftreten mußte, die eine riesige Mehrheit von Besitzlosen ausbeutete.

Es ist erstaunlich, daß eine so ungeschichtliche Behauptung so allgemein Glauben gefunden hat. In der Tat, wenn die englische Geschichte an unseren Schulen und Universitäten wahrheitsgemäß gelehrt würde, wenn die Gebildeten mit den bestimmenden und wesentlichen Tatsachen der nationalen Vergangenheit besser vertraut wären, so hätte solcher Unsinn niemals Wurzel fassen können. Das riesige Anwachsen des Proletariats, die Konzentration des Besitzes in den Händen weniger und die Ausbeutung der breiten Masse durch diese Besitzenden hängt nicht schicksalsmäßig oder notwendig mit der Anwendung neuer und ständig verbesserter Produktionsmethoden zusammen. Der Mißstand entsprang in strenger geschichtlicher Folgerichtigkeit, entsprang offenkundig und nachweisbar daraus, daß England, das Saatfeld des Industriesystems, von einer reichen Oligarchie *schon* in Fesseln geschlagen war, *bevor* die großen Erfindungen der Reihe nach gemacht wurden.

Betrachten wir einmal, wie das Industriesystem in seiner Entwicklung den Wegspuren des Kapitalismus folgte. Warum gelang es ein paar reichen Leuten, sich mit solcher Leichtigkeit in den Besitz der neuen Methoden zu setzen? Warum erschien es ihnen und der zeitgenössischen Gesellschaft so normal und natürlich, daß diejenigen, welche mit den neuen Maschinen die neuen Güter produzierten, besitzlose Proletarier sein müßten? Einfach darum, weil das England, in dem diese neuen Erfindungen gemacht wurden, schon ein England war, dessen Boden und aufgespeicherte Gütervorräte einer kleinen Minderheit eigentümlich gehörten, es war *bereits* ein England, in dem etwa die Hälfte der ganzen Bevölkerung proletarisiert war und zur Ausbeutung gleichsam bereitstand. Wenn irgendeine neue Industrie zu arbeiten begann, so mußte sie *kapitalistisch* sein, d. h. es mußten schon irgendwie gebildete, aufgespeicherte Gütervorräte vorhanden sein, um die Arbeit während des Produktionsprozesses bis zu dessen Vollendung zu unterstützen, zu ernähren. Es mußte irgendwie und irgendwo das Getreide, das Fleisch, die Wohngelegenheit, die Kleidung bereitstehen, um während der Produktionsperiode, welche die Zeit zwischen Einsatz der Rohstoffe und Konsumtionsreife der Endprodukte umfaßt, die menschlichen Wesen, die dieses Rohmaterial verarbeiten und es in genußreife Endprodukte verwandeln, zu ernähren. Wäre das Eigentum gleichmäßig verteilt gewesen, geschützt durch genossenschaftliche Gilden, umhegt und bewahrt durch das Herkommen und die Selbstverwaltung großer Handwerkerverbände, so hätte man diese aufgespeicherten Gütervorräte, die zur Einführung jeder neuen Produktionsmethode und zu jeder Vervollkommnung derselben nötig waren, bei der Masse der kleinen Besitzer vorfinden müssen. *Deren* Verbände, *ihre* kleinen Vermögensanteile hätten zusammen die für die neuen Prozesse erforderliche *Kapitalisierung* geliefert, und die schon Besitzenden hätten, da eine Erfindung die andere jagte, den Gesamtreichtum des Staates, ohne das Gleichgewicht der Verteilung zu stören, vermehrt. Weder denknotwendig noch erfahrungsgemäß besteht ein innerer, notwendiger Zusammenhang zwischen der Kapitalbeschaffung für einen neuen Produktionsprozeß und der Vorstellung, daß einige wenige Besitzende eine breite Masse von Nichtbesitzenden um Lohn arbeiten lassen. Wären diese großen Erfindungen etwa in einer Gesellschaft wie der des 13. Jahrhunderts gemacht worden, so hätten sie jedermann beglückt und bereichert. Da sie aber die elenden geistigen Verhaltnisse des 18. Jahrhunderts in England vorfanden, so erwiesen sie sich als ein Fluch.

An wen konnte sich die neue Industrie wenden, um das nötige Kapital zu erhalten? Der kleine Besitzer war meistens schon verschwunden. Das Verbandswesen und die solidarischen Verpflichtungen, die ihn geschützt und in seinem Eigentum befestigt hatten, waren in Stücke gebrochen, nicht etwa durch die »wirtschaftliche Entwicklung«, sondern durch zweckbewußtes Handeln der Reichen. Er war unwissend, weil die Schulen ihm genommen und die Universitäten ihm verschlossen waren. Er war um so unwissender, weil das Gemeinschaftsleben, das früher einmal sein soziales Gewissen wachhielt, und die genossenschaftlichen Anstalten, die einst seine Schutzwaffe waren, verschwunden waren. Wer einen greifbaren Vorrat an Getreide, Kleidung, Wohngelegenheit, Feuerung, lauter unentbehrliche Voraussetzungen für die Einführung einer neuen Industrie, suchte, wer Ausschau hielt nach einem, der die für diese beträchtlichen Experimente nötigen Vermögensmassen austreiben könne, der hatte sich an die Klasse zu wenden, die schon die Masse der Produktionsmittel in England monopolisiert hatte. Nur die reichen Leute waren imstande, diese Vorräte beizustellen.

Aber das war nicht alles. Waren einmal die nötigen Sachwerte gefunden und das Unternehmen »kapitalisiert«, dann bot sich in dem schon vorhandenen Proletariat eine sofort greifbare Form menschlicher Arbeitskraft dar, die sich unbegrenzt ausbeuten ließ. Dieses Proletariat, schwach, unwissend und in der verzweifelten Notlage, in der es sich befand, fast zu jeder Bedingung zu arbeiten bereit und noch froh, wenn es nur das nackte Leben fristen durfte, war ein Geschöpf der neuen Plutokratie aus der Zeit, als sie nach der Reformation das Vermögen des Landes für sich mit Beschlag belegte und die Masse der Engländer von Haus und Hof und Gerät und Werkzeug verjagte.

Die Klasse der Reichen, die einige neue Produktionsprozesse zur Ausnutzung in eigene Regie übernahm, betrieb diese nach den Grundsätzen des ungehinderten Wettbewerbes, die ihre Habgier schon andernorts eingerichtet hatte. Jede genossenschaftliche Tradition war tot. Wo konnte man die billigste Arbeit finden? Offenbar unter dem Proletariat, nicht aber unter den noch vorhandenen kleinen Besitzern. Welche Klasse wird unter dem neuen Reichtum sich am stärksten vermehren?

Offenbar wieder das Proletariat, ohne Verantwortungsgefühl, ohne irgend etwas, das man den Nachkommen hinterlassen könnte. Indem die Proletarier dem Kapitalisten dazu verhalfen, sich die Taschen zu füllen, konnte er um so leichter und um so mehr den kleinen Besitzer auskaufen und ihn durch ein neues Abhängigkeitsverhältnis dazu benutzen, die Masse des Proletariats ungeheuerlich zu vermehren.

Nur aus diesem Grunde hat die sogenannte industrielle Revolution von Anfang an die Form angenommen, die sie zu einem geradezu ungemischten Fluch für die Gesellschaft werden ließ, in der sie ihre Blüte erreichte. Der Reiche, schon im Besitze der Gütervorräte, durch die allein diese wirtschaftliche Veränderung sich vollziehen konnte, erbte auch alle späteren, neu sich bildenden Vorräte an sachlichen Produktionsmitteln und alle neu aufgespeicherten Genußmittelvorräte, die immer größer wurden. Das Fabriksystem, gründend auf der Polarisation oder Spaltung der Gesellschaft in Kapitalisten und Proletarier, entwickelte sich weiter nach dem Vorbild, das seine Ursprünge bestimmt hatte. Bei jedem Schritt vorwärts war das Proletariat der Stoff, den der Kapitalist in den Trichter schüttete, um seine Produktionsmühle damit zu füttern. Jedes einzige Verhältnis dieser Gesellschaft, die besondere Fassung des Rechts des Eigentums und der Gewinnverteilung, das Recht der Handelsgesellschaften, die Beziehungen zwischen »Herr« und »Knecht«, war so geartet und trug direkt dazu bei, daß sich jene unterworfene, formlose, lohnempfangende Klasse, die von einer kleinen Gruppe von Besitzenden beherrscht wurde, immer mehr, geradezu unbegrenzt vermehren mußte, wobei jene kleine Gruppe von Besitzenden immer kleiner und immer reicher wurde und ihre Macht sich im Zuge der Entfaltung der üblen Geschäftemacherei immer mehr erweitern mußte.

Die wirtschaftliche Oligarchie breitete sich überall aus, nicht bloß in der Industrie. Die großen Grundherren zerstörten absichtlich und mit vollem Zweckbewußtsein in Wahrnehmung ihres Sonderinteresses die Allmenderechte über das Gemeindeland. Die kleine Plutokratie, mit der sie verbandelt waren und mit deren merkantilen Teilen sie jetzt verschmolzen, lenkte alles ihren eigenen Zwecken gemäß. Die starke Zentralregierung, welche die Gesamtheit vor der Habsucht der wenigen hätte schützen sollen, war schon seit Generationen verschwunden. Der siegreiche Kapitalismus bemächtigte sich des ganzen Gesetzgebungsapparats und des Nachrichtendienstes. Er hat sie auch heute noch inne; es gibt heute keinen einzigen Fall einer sogenannten »sozialen Reform«, die nachweisbar (obschon häufig unbewußt) nicht auf eine noch stärkere Versteifung und Befestigung einer Gesellschaft hinausliefe, die es für etwas Selbstverständliches hält, daß einige wenige besitzen, daß die große Mehrheit als untergeordnete Lohnempfänger lebt, und daß die ganze breite Masse der Engländer die Verbesserung ihres Loses von obrigkeitlichen Verfügungen und Satzungen erwarten soll –, nicht aber vom Eigentum, nicht von der Freiheit.

Wir alle fühlen – und die wenigen unter uns, die den Gegenstand wirklich untersucht haben, meinen nicht nur, sondern wissen –, daß die kapitalistische Gesellschaft, die sich seit ihren Anfängen vor vierhundert Jahren durch die Wegnahme von Grund und Boden allmählich entwickelt hat, ihre Grenze, ihr Ende erreicht hat. Es ist eine Selbstverständlichkeit und bedarf keines Beweises, daß sie in der Form, in der wir sie seit drei Menschenaltern kennen, sich nicht länger halten kann, und es ist ebenso selbstverständlich, daß dieser unerträglichen und zunehmenden Unstetigkeit, mit der sie unser Leben vergiftet hat, irgendeine Lösung gefunden werden muß. Bevor wir aber die verschiedenen Lösungsversuche, die uns die verschiedenen Lehrsysteme anbieten, betrachten, muß ich im nächsten Abschnitt zeigen, wie und warum das englische kapitalistische Industriesystem so unerträglich unstetig ist und infolgedessen ein akutes Problem darstellt, das unter Androhung des sozialen Todes gelöst werden muß.[8]

8 Es sei bemerkt, daß der moderne Industrialismus sich auch außerhalb Englands in vielen anderen Zentren ausgebreitet hat. Er trägt überall die Züge, die ihm durch seinen Ursprung in England ausgeprägt sind.

Fünfter Abschnitt

Der kapitalistische Staat wird im Verhältnis zu seiner Vervollkommnung immer instabiler

Von der geschichtlichen Abschweifung der beiden letzten Abschnitte, die den Zweck hatte, den Gegenstand besser zu veranschaulichen, zur Erörterung meiner These zurückkehrend, nehme ich den logischen Gedankengang wieder auf, in dem sie begründet ist.

Der kapitalistische Staat ist instabil und im eigentlichen Sinne ein Übergangsstadium zwischen zwei dauerhaften und stabilen Zuständen der Gesellschaft.

Um ermessen zu können, warum dies so ist, wollen wir uns die Begriffsbestimmung des kapitalistischen Staates in Erinnerung zurückrufen:

»Eine Gesellschaft, in der das Eigentum an den Produktionsmitteln auf eine Gruppe von freien Bürgern beschränkt ist, die aber nicht so zahlreich ist, daß sie dieser Gesellschaft das kennzeichnende Gepräge gibt, während alle übrigen Bürger produktionsmittellos und daher proletarisiert sind, nennen wir eine *kapitalistische* Gesellschaft.«

Achten wir auf die einzelnen Punkte dieses Tatbestandes. Wir haben Privateigentum; aber dieses ist nicht so allgemein verteilt, daß es als eine der ganzen Gesellschaft als solcher eigentümliche Einrichtung, als ein Wesensmerkmal der Gesellschaft zu bezeichnen wäre. Anderseits haben wir die große Mehrheit der Besitzlosen, die aber zugleich Bürger sind, d. h. Menschen mit politischer Handlungsfreiheit, die aber wirtschaftlich machtlos sind. Weiter ist es, obwohl nur eine Folgerung aus unserer Definition, so doch eine *notwendige* Schlußfolgerung, daß unter der Herrschaft des Kapitalismus eine bewußte, unmittelbare, planmäßige *Ausbeutung* der Mehrheit (der freien Bürger, die nichts besitzen) durch die Minderheit der Besitzenden stattfindet. Denn es müssen Güter produziert werden, die Gesamtheit muß leben, die Besitzenden können den Nichtbesitzenden solche Bedingungen stellen, daß mit Sicherheit ein Teil dessen, was die Nichtbesitzenden produziert haben, den Besitzenden verbleibt.

Eine so geartete Gesellschaft kann keinen Bestand haben. Sie kann nicht bestehen, weil sie zwei sehr starken Spannungen ausgesetzt ist: Spannungen, die um so stärker fühlbar werden, je vollständiger diese Gesellschaft durchkapitalisiert wird. Die erste Spannung ergibt sich aus der Gegensätzlichkeit der moralischen Theorien (Ideologien), auf die sich der Staat stützt, und den gesellschaftlichen Tatsachen, die diese moralischen Theorien zu meistern versuchen. Die zweite Spannung entsteht aus der Unsicherheit, zu der der Kapitalismus die große Masse der Gesellschaft verurteilt, aus dem allgemeinen Wesen der Sorge und Gefährdung, mit denen er alle Bürger überhaupt, insbesondere aber die Mehrheit, die unter dem Regime des Kapitalismus aus besitzlosen Freien besteht, belastet.

Welche von diesen beiden Spannungen die gravierendste ist, läßt sich unmöglich sagen. Jede für sich würde genügen, um ein Gesellschaftsordnung zu sprengen, in der sie lange Zeit präsent war; beide zusammen machen diese Sprengung zur Gewißheit. Man kann nicht länger daran zweifeln, daß die kapitalistische Gesellschaft sich in eine andere und stabilere Ordnung umformen muß. Es ist die Aufgabe dieser Seiten, festzustellen, wie diese stabile Ordnung wahrscheinlich beschaffen sein wird.

Wir sagten, daß eine schon unerträglich starke moralische Spannung vorhanden ist, die mit jeder Vervollkommnung des Kapitalismus immer stärker wird.

Diese moralische Spannung entspringt aus dem Widerspruch zwischen den tatsächlichen Verhältnissen der kapitalistischen Gesellschaft und der moralischen Grundlage unseres Rechts und unserer Traditionen.

Die moralische Grundlage, nach der sich unsere Gesetze immer noch richten und auf denen unsere gesellschaftlichen Konventionen aufgebaut sind, setzt einen aus freien Bürgern bestehenden Staat voraus. Unser Recht schützt das Eigentum als eine normale Einrichtung, mit der alle Bürger bekannt sind und die alle Bürger achten. Es straft den Diebstahl als einen normwidrigen Fall, der nur dann eintritt, wenn ein freier Bürger aus bösartiger Gesinnung das Eigentum eines anderen ohne dessen Willen und gegen dessen Willen sich aneignet. Es bestraft den Betrug als eine andere normwidrige Erscheinung, wobei wieder aus bösartiger Gesinnung ein freier Bürger einen zweiten verleitet, sich seines Eigentums unter falschen Vorspiegelungen zu entäußern. Es macht einen geschlossenen Vertrag erzwingbar, was zur einzigen moralischen Grundlage hat, daß die beiden vertragschließenden Teile frei sind und daß es jedem Teil freisteht, einen Vertrag nach Belieben nicht einzugehen, der, einmal geschlossen, erzwingbar sein muß. Unser Recht verleiht ferner dem Besitzenden die Fähigkeit, sein Eigentum durch einen Willensakt aufzugeben in der Auffassung, daß solches Eigentumsrecht und solche Übertragung des Eigentums (in der Regel an die natürlichen Erben, ausnahmsweise aber auch an einen anderen, den der Erblasser bestimmt) die normale Gepflogenheit einer mit solchen Dingen vertrauten Gesellschaft bildet und, daß sie in dem häuslichen Leben, das die Masse der Bürger lebt, häufig vorkommt. Es verhält einen Bürger zum Schadenersatz, wenn er durch eine Willenshandlung einem anderen Schaden zugefügt hat, denn es setzt voraus, daß dieser zahlungsfähig ist.

Die Gültigkeit, auf der das soziale Leben beruht, liegt nach unserer moralischen Theorie in der gesetzlichen Bestrafung, die durch unsere Gerichte erzwingbar ist, und die vorausgesetzte, apriorische Grundlage der Sicherheit und des materiellen Glücks unserer Bürger ist der Güterbesitz, der uns vor Sorgen bewahrt und uns die Unabhängigkeit des Handelns inmitten unserer Mitbürger gestattet. Nun stellen wir einmal alles dieses: die moralische Theorie, nach der die Gesellschaft gefährlicherweise noch immer verfährt, die moralische Theorie, an die sich der Kapitalismus selbst, wenn er angegriffen wird, klammert, alle diese Formeln und Fiktionen stellen wir einmal, sage ich, in Gegensatz zu der gesellschaftlichen Wirklichkeit eines kapitalistischen Staates, wie z. B. des heutigen Englands.

Das Eigentum bewahren die meisten Bürger vielleicht als dunkles Gefühl; aus Erfahrung und als Wirklichkeit kennen es von zwanzig Personen noch nicht einmal neunzehn. Hundert Arten des Betrugs, der notwendigen Folgeerscheinung ungehemmten Wettbewerbs zwischen einer kleinen Minderheit und schrankenloser Habgier als produktionsregelndes Motiv, werden und können nicht bestraft werden; mit kleinen Arten gewalttätigen Diebstahls und Arglist können sich die Gesetze befassen, aber nur mit diesen. Unser Gesetzesapparat ist kaum etwas anderes als eine Maschine zum Schutze der wenigen Besitzenden gegen die Forderungen, gegen die Ansprüche, Begehrlichkeit und den Haß der Masse der besitzlosen Mitbürger. Die überwiegende Mehrheit der sogenannten »freien« Verträge sind heutzutage Löwenverträge: Vereinbarungen, die der eine Teil frei eingehen oder bleiben lassen konnte, der andere Teil aber nicht frei schließen oder lösen konnte, weil für den letzteren die Alternative Hunger heißt.

Am allerwichtigsten, die grundlegende gesellschaftliche Tatsache unserer Bewegung, weit wichtiger als irgendeine gesetzliche Sicherheit oder als eine staatliche Maßnahme, ist die Tatsache, daß die Besitzenden über den Lebensunterhalt entscheiden. Die Besitzenden können den Nichtbesitzenden den Lebensunterhalt gewähren oder versagen. In unserer Gesellschaft gelten die getroffenen Anordnungen nicht, weil sie von den Gerichten durch Strafen erzwungen werden, sondern weil die Besitzenden den Nichtbesitzenden den *Lebensunterhalt* verweigern können. Die meisten Menschen fürchten Arbeitslosigkeit mehr als gesetzliche Strafe, und die Disziplin, der sich die Menschen in ihren modernen Berufsarten in England fügen, ist die Furcht vor Verlust der Arbeitsstelle. Der eigentliche, wirkliche Herr des Engländers von heute ist nicht der König oder die Staatsbehörde, auch nicht oder höchstens mittelbar das Gesetz; sein wahrer Herr ist der Kapitalist.

Diese einfachen Wahrheiten sind in jedermanns Bewußtsein; jeder, der sie leugnen wollte, tut dies auf die Gefahr hin, entweder als unehrlich oder als dumm zu gelten.

Fragt man, warum diese Dinge erst so spät in unser Bewußtsein getreten sind (da doch der Kapitalismus schon eine lange Entwicklung hinter sich hat), so lautet die Antwort, daß England, auch heute noch der am stärksten kapitalistische Staat der modernen Welt, erst im letzten Menschenalter ein vollständig *durchkapitalisierter* Staat geworden ist. Noch heute leben viele Menschen, die sich erinnern können, daß halb England ein Agrarstaat war, wo die Beziehungen zwischen den verschiedenen Faktoren der Produktion mehr nach patriarchalischem Herkommen als nach dem reinen Konkurrenzprinzip geordnet waren.

Diese moralische Spannung also, entspringend aus der Gegensätzlichkeit zwischen dem, was unsere Gesetze und moralischen Phrasen behaupten, und dem, was unsere Gesellschaft wirklich ist, macht aus dieser Gesellschaft ein völlig unstetes Gebilde.

Dieser geistige Tatbestand hat eine viel ernstere Bedeutung, als der bornierte Materialismus einer jetzt aussterbenden Generation sich vorstellen kann. Der geistige Widerspruch ist für die Instabilität im Staate verhängnisvoller als jeder andere Gegensatz, denn er ist ein akuter geistiger Gegensatz, ein Widerspruch im Bewußtsein eines jeden, der allgemeine Unzufriedenheit in der Gesellschaft erregt, wenn die tatsächlichen Verhältnisse einer Gesellschaft losgelöst sind von der moralischen Basis ihrer Einrichtungen.

Die zweite Spannung, die wir am Kapitalismus bemerkt haben, sein zweites Unstetigkeitselement, besteht in der Tatsache, daß der Kapitalismus die Sicherheit zerstört. Es gibt so viel Erfahrungsmaterial, daß wir uns bei diesem Punkte nicht lange aufzuhalten brauchen. Aber auch ohne Erfahrung könnten wir mit absoluter Sicherheit aus dem Wesen des Kapitalismus erschließen, daß seine Hauptwirkung die Zerstörung der Sicherheit im menschlichen Leben sein muß.

Betrachten wir die folgenden zwei Elemente zusammen: die Produktionsmittel im Besitze einiger weniger und gleiche politische Freiheit der Besitzenden und Nichtbesitzenden. Aus dieser Kombination ergibt sich ohne weiteres eine bestimmte Gestaltung der Marktlage, bei der die Arbeit der Nichtbesitzenden genau das erzielt, was sie wert ist –nicht als volle produktive Kraft, sondern als eine produktive Kraft, die dem Kapitalisten einen Überschuß abwerfen wird. Sie bringt nichts ein, wenn der Arbeiter nicht arbeiten kann, um so mehr, je rascher das Arbeitstempo, weniger in den mittleren Lebensjahren als in der Jugend, weniger im Alter als in den mittleren Jahren, nichts bei Krankheit, nichts im Zustande der Hilflosigkeit.

Ein Mensch, der Ersparnisse zurücklegen und Vermögen bilden kann (das normale Ergebnis der menschlichen Arbeit), ein Mann, der ein genügend großes und wohlfundiertes Eigentum besitzt, kann in den Zeiten, wo er nichts mehr leisten kann, genau so wenig schaffen wie ein Proletarier, aber sein Leben ist wohl ausgeglichen und geregelt durch Einnahme von Renten, Zinsen und Lohn. Er hat gewisse Überschüsse, die das Schwungrad sind, das die äußersten Gefährdungen seines Lebens ausgleicht und ihm über die schlechten Zeiten hinweghelfen. Mit einem Proletarier verhält es sich anders. Vom Kapital aus gesehen ist der Mensch ein Wesen, dessen Arbeit man kaufen will; es durchschneidet quer den normalen Aspekt des menschlichen Lebens, von dem aus wir alle unsere Gefühle, Pflichten, Charaktere betrachten, einen Querschnitt. Ein Mensch denkt an sich, an seine Lebensmöglichkeiten, seine Sicherheit entlang der Linie von der Geburt bis zum Tode. Das Kapital aber, das seine Arbeit (und nicht den Menschen als solchen) kauft, kauft nur einen Ausschnitt aus seinem Leben, die Augenblicke seiner Arbeitsfähigkeit, für die übrige Zeit muß er auf sich selbst stehen; aber sich selbst zu wehren, wenn man nichts hat, bedeutet: Hunger leiden.

In der Tat: da wo die Produktionsmittel im Besitze einer kleinen Minderheit sind, kann es vollkommene Freiheit in politischer Hinsicht nicht geben. Ein vollständig kapitalistischer Staat kann gar nicht existieren, obschon wir diesem Zustand im modernen England näher gekommen sind, als andere, glücklichere Nationen für möglich gehalten haben. In einem vollständig kapitalistischen Staate wären für den Nichtbesitzenden keine Nahrungsmittel verfügbar, außer solange er aktiv in der Produktion tätig ist, und dieser Widersinn würde durch rasche Beseitigung aller Lebewesen außer den Besitzenden dieser ganzen Anordnung ein Ende setzen. Wenn man in einem kapitalistischen System alle Menschen völlig frei ließe, so würde eine so starke Sterblichkeit aus Entbehrungen eintreten, daß die Quellen der Arbeit in sehr kurzer Zeit versiegen müßten.

Stellen wir uns vor, die Besitzlosen seien in denkbar vollkommener Weise feige, so daß sich die Besitzenden nur darum zu kümmern brauchten, die Arbeit der Besitzlosen auf dem billigsten Markt zu kaufen – das System würde infolge der Sterblichkeit der Kinder, der Arbeitslosen und Frauen in die Brüche gehen. Wir hätten nicht so wie bei uns einen bloß im Verfall begriffenen, wir hätten einen ganz offenkundig und deutlich zugrunde gehenden Staat vor uns.

In Wirklichkeit kann sich der Kapitalismus gar nicht bis zu seiner äußersten theoretischen oder logischen Möglichkeit entfalten. Solange die politische Freiheit allen Bürgern zuerkannt wird (d. h. die Freiheit der wenigen Besitzenden, ihre Lebensmittel bereitzuhalten oder zu verweigern, und andererseits die Freiheit der Nichtbesitzenden, jede Vertragsbedingung anzunehmen, nur um nicht Hunger zu leiden), solange bedeutet die vollständige Ausübung dieser Freiheit Elend für die Unmündigen, die Alten, die Leistungsunfähigen und die am Leben Verzweifelnden. Der Kapitalismus muß mittels nichtkapitalistischer Methoden große Bevölkerungsmassen, die sonst aus Entbehrungen sterben müßten, am Leben erhalten; und das hat der Kapitalismus in um so stärkerem Maße zu tun sich bemüht, je mehr und vollständiger er das englische

Volk durchsetzt hatte. Das Elisabethanische Armenrecht zu Beginn der Epoche, das Armengesetz von 1834, das gegeben wurde, als ungefähr halb England dem Kapitalismus verfallen war, sind primitive Beispiele aus den Anfängen, heute gibt es deren hundert andere.

Wenn diese Ursache der Unsicherheit – die Tatsache also, daß die Besitzenden keinen unmittelbaren Beweggrund haben, die Menschen am Leben zu erhalten – die einsichtigste und in einem kapitalistischen System immer die dauerhafteste ist, so gibt es doch noch eine andere, die in ihrer Wirkung auf das menschliche Leben noch empfindlicher durchgreift. Diese andere Ursache ist die Wettbewerbsanarchie in der Produktion, welche beschränktes Eigentum zusammen mit Freiheit bedeutet. Beachten wir einmal, was der Produktionsprozeß eigentlich da bedeutet, wo die sachlichen Produktionsmittel und der Grund und Boden einer kleinen Minderheit gehören, deren Beweggrund, um das Proletariat zur Produktion anzuhalten, nicht der Nutzen der erzeugten Güter, sondern der Genuß des Mehrwerts oder »Profits« durch diese Besitzenden ist.

Wenn irgend zwei solche Besitzer von Produktionsmitteln und Gütervorräten politisch völlig frei sind, so wird ein jeder seinen Markt tätig beobachten, sie werden einander zu unterbieten versuchen, am Ende einer Saison durch Überproduktion einen Überschußbedarf für den betreffenden Artikel zu schaffen trachten, derart den Markt überschwemmen und schließlich nachher unter einer Depressionsperiode zu leiden haben usf. Andererseits wird der Kapitalist als freier, allein verantwortlicher Leiter der Produktion sich verkalkulieren; manchmal werden seine Berechnungen fehlschlagen, und sein ganzes Werk wird in sich zusammenbrechen. Ein andermal wieder wird eine Masse von vereinzelten, konkurrierenden Wirtschaftseinheiten mit unzulänglicher Übersicht ihre widerstreitenden Bemühungen nur bei verschwenderischem Aufwand ungeheurer toter Geschäftsunkosten durchzusetzen vermögen, und diese falschen Kosten, diese Werbungskosten sind eine schwankende Größe. Die meisten Kommissionsgebühren, Reklamefeldzüge, Schaustellungen sind Beispiele dieser Verschwendung. Könnte man diese unproduktiven Nebenauslagen zu einer konstanten Größe machen, so wären auch die Schmarotzerberufe, die davon leben, eine konstante Größe. Da diese Nebenauslagen aber ihrem Wesen nach etwas ganz Unbeständiges sind, so müssen auch die davon lebenden Berufe notwendig prekäre Berufe sein. Ins Konkrete übersetzt heißt dies: Unsicherheit des Handlungsreisenden, des Reklamewerbers, des Versicherungsagenten und aller Berufe, die sich mit Kundenanlockung und Kundentäuschung befassen, die der konkurrierende Kapitalismus miternährt.

Ebensowenig wie bei der durch Alter und Krankheit erzeugten Unsicherheit, kann der Kapitalismus hierbei bis zum logischen Ende gehen, und zwar ist es die Freiheit, welche die Kosten trägt. In der Wirklichkeit wird die Konkurrenz immer mehr durch Verständigung zwischen den Konkurrenten eingeschränkt, womit, insbesondere in England, die Vernichtung des kleinen Konkurrenten durch die geheimen Verschwörungen, welche die größeren stiften, und wobei auch die geheimen politischen Kräfte des Staates mitwirken, Hand in Hand geht.[9] Mit einem Wort: der Kapitalismus erweist sich fast ebenso instabil für die Besitzenden wie für die Nichtbesitzenden und sucht eine gewisse Stabilität zu erreichen, indem er ein Wesensmerkmal, die politische Freiheit, aufgibt. Man könnte sich keinen besseren Beweis für die Instabilität des Kapitalismus als System wünschen.

Nehmen wir irgendeinen der zahlreichen Trusts, die jetzt die englische Industrie beherrschen und die aus dem modernen England den immer wieder auf dem ganzen Kontinent zitierten Typus künstlicher Monopole gemacht haben. Wenn unsere Gerichte und führenden Staatsmänner den Kapitalismus in sei-

9 Der erste Schritt zur Bildung eines Trusts besteht in England darin, daß man einen Politiker für die Sache »interessiert«. Der Telephontrust, der südwalisische Kohlentrust, der glücklicherweise mißlungene Seifentrust, der Soda-, Fisch- und Obsttrust sind sehr bezeichnende Beispiele.

nem reinsten Sinn gelten ließen, so könnte jedermann ein konkurrierendes Unternehmen aufmachen, die Trusts unterbieten und die relative Sicherheit, die sie der Industrie innerhalb ihres Feldes gewähren, erschüttern. Der Grund, warum dies nicht geschieht, liegt darin, daß in Wirklichkeit hierzulande die politische Freiheit von den Gerichten in Wirtschaftsangelegenheiten nicht geschützt wird. Derjenige, der versuchen wollte, mit einem unserer großen englischen Trusts in Wettbewerb zu treten, würde sofort durch niedrigere Preise unterboten werden. Er könnte nach dem Geiste des europäischen Rechts seit Jahrhunderten diejenigen, die ihn zugrunde richten wollen, verklagen, sie wegen Verschwörung gegen die Handelsfreiheit vor Gericht ziehen, es würde sich aber alsbald herausstellen, daß der Richter und die Politiker diese Verschwörung herzhaft unterstützen.

Man muß aber stets im Auge behalten, daß diese in der Beeinträchtigung des Handels bestehenden Verschwörungen, die für das moderne England so sehr bezeichnend sind, selbst das Merkmal des Übergangs aus der echten kapitalistischen Phase in eine andere Phase sind.

Wo die wesentlichen Bedingungen des Kapitalismus rein gegeben sind – d. h. unter einer vollkommenen politischen Freiheit –, würden solche Verschwörungen von den Gerichten als das bestraft werden, was sie sind: nämlich als Übertretungen des Grundsatzes der politischen Freiheit. Denn ebenso wie dieser Grundsatz jedermann das Recht gibt, mit einem Arbeiter einen beliebigen Vertrag zu schließen und das Produkt zu dem ihm geeignet scheinenden Preis anzubieten; so schließt dieser Grundsatz auch den Schutz dieser Freiheit ein, indem er jede Verschwörung, die ein Monopol zum Zwecke hat, unter Strafe stellt. Wenn solche vollkommene Freiheit nicht mehr beansprucht wird, wenn Monopole zugelassen, ja gefördert werden, so geschieht dies deshalb, weil die unnatürliche Spannung, die entsteht, wenn Freiheit mit Beschränkung des Eigentums zusammen vorkommen, die Unsicherheit der reinen Konkurrenz, die Anarchie der produktiven Methoden, sich am Ende als unerträglich erwiesen haben.

Ich habe in diesem Abschnitt schon allzulange bei den Gründen verweilt, die einen kapitalistischen Staat wesenhaft zu einem instabilen Staat machen.

Ich hätte den Gegenstand auch empirisch behandeln können, ausgehend von der allen Lesern geläufigen Beobachtung, daß der Kapitalismus in Wirklichkeit schon überwunden und daß der kapitalistische Staat schon in die erste Übergangsphase eingetreten ist.

Wir sind deutlich nicht mehr im Besitze jener absoluten Freiheit, die der echte Kapitalismus seinem Wesen nach fordert. Die herrschende Unsicherheit, verbunden mit der Trennung zwischen unserer Moraltradition und den gesellschaftlichen Tatsachen, haben in das Bild ganz neue Züge eingeführt, wie etwa die Gestattung von Verschwörungen sowohl bei den Besitzenden als auch bei den Nichtbesitzenden, die zwangsweise Fürsorge für Sicherheit durch staatliche Maßnahmen und all die inneren und äußeren Reformen, die ich nun auf den folgenden Seiten untersuchen werde.

Sechster Abschnitt

Die stabilen Lösungsversuche dieser Labilität

Jeder gegebene kapitalistische Staat, der naturgemäß labil ist, wird auf irgendeine Weise einen Zustand der Stabilität zu erreichen versuchen.

Es liegt in der Definition des labilen Gleichgewichts, daß ein Körper im labilen Gleichgewicht eine stabile Gleichgewichtslage zu erreichen sucht. Eine auf der Spitze stehende Pyramide etwa befindet sich im labilen Gleichgewicht, d. h. einfach, daß sie durch eine kleine Kraft irgendwie in eine Ruhelage geraten wird. Ebenso sagt man von gewissen chemischen Verbindungen, sie befanden sich im labilen Gleichgewicht, d. h. ihre elementaren Bestandteile haben wechselseitig eine solche Affinität, daß sie sich durch einen kleinen Stoß miteinander verbinden und das Ganze eine andere chemische Anordnung erfährt. Von dieser Art sind die Sprengstoffe.

Wenn der kapitalistische Staat sich im labilen Gleichgewicht befindet, so heißt das nichts anderes, als daß er eine stabile Gleichgewichtslage sucht, daß also der Kapitalismus irgendwie umgewandelt werden muß, in eine Lage, in der die Gesellschaft zur Ruhe kommt.

Es gibt nur drei Gesellschaftsordnungen, die an die Stelle des Kapitalismus treten können: Sklaverei, Sozialismus und Eigentum. Ich könnte mir eine Mischung aus je zwei oder aus allen drei Ordnungen denken, aber jede ist ein bestimmter Typ, und eine vierte Ordnung läßt sich dem Wesen des Problems gemäß nicht ausdenken.

Das Problem dreht sich, wie wir uns erinnern, um die Beherrschung der Produktionsmittel. Kapitalismus heißt, daß diese Herrschaft in den Händen weniger ruht, während politische Freiheit das Erbgut aller ist. Wenn diese Regelwidrigkeit infolge der Unsicherheit und wegen des Widerspruchs mit der zugrunde liegenden moralischen Basis keinen Bestand haben kann, so muß von den beiden Elementen, die sich zusammen und vereinigt als leistungsunfähig erwiesen haben, das eine oder das andere eine Umwandlung erfahren. Diese zwei Faktoren sind: 1. das Eigentum der Produktionsmittel der wenigen, 2. die Freiheit aller. Um den Kapitalismus aufzulösen, muß man die Beschränkung des Besitzrechts oder die Freiheit oder beide zugleich abschaffen. Nun gibt es nur eine einzige Alternative der Freiheit, nämlich: ihre Aufhebung. Entweder ist ein Mensch frei, je nach Belieben zu arbeiten oder nicht zu arbeiten, oder er ist einem gesetzlichen Arbeitszwang unterworfen, hinter dem die staatlichen Machtmittel stehen. Im ersteren Falle ist er ein Freier, im zweiten definitionsgemäß ein Sklave. Wir haben daher, soweit der Faktor Freiheit in Betracht kommt, keine Wahl zwischen mehreren möglichen Veränderungen, sondern nur eine einzige Veränderungsmöglichkeit, nämlich: an Stelle der Freiheit die Sklaverei einzuführen. Eine solche Lösung, die direkte, unmittelbare, bewußte Wiederherstellung der Sklaverei, böte eine wirkliche Lösung der vom Kapitalismus gestellten Probleme. Sie würde unter wirksamen Verfügungen den Besitzlosen auskömmliches Leben und Sicherheit gewährleisten. Eine solche Lösung ist, wie ich zeigen werde, wahrscheinlich das Ziel, dem unsere Gesellschaft sich in der Tat annähert; der unmittelbaren und bewußten Annahme dieser Lösung aber steht ein Hindernis im Wege.

Eine direkte und bewußte Einführung der Sklaverei als Lösung des Problems des Kapitalismus wird von der noch überlebenden christlichen Tradition unserer Zivilisation verworfen. Kein Reformer wird sie befürworten, kein Prophet es wagen, sie als eine Selbstverständlichkeit hinzunehmen. Alle Theorien der Sozialreform werden daher zunächst versuchen, den *Freiheitsfaktor*, den einen Wesensbestandteil des Kapitalismus, unberührt zu lassen und lieber irgendeine Veränderung des Eigentumsfaktors in Betracht ziehen.[10]

10 Unter »Eigentum« ist natürlich das Eigentum an Produktionsmitteln zu verstehen.

Bei dem Versuch nun, die Mißstände des Kapitalismus durch Besserung des einen der beiden Faktoren, die schlechte Eigentumsverteilung nämlich, zu beheben, stehen zwei und nur zwei Wege offen.

Leidet man darunter, daß das Eigentum beschränkt ist auf die wenigen, so kann man diesen Faktor des Problems ändern, indem man *entweder* das Eigentum vielen *oder* indem man es keinem zugänglich macht. Ein Drittes gibt es nicht. Konkret gesprochen: das Eigentum in die Hand von »niemandem« legen, bedeutet, es staatlichen Behörden zu treuen Händen übergeben. Wenn wir sagen, daß an den aus dem Kapitalismus entspringenden Mißständen nur das Institut des Eigentums schuld ist und nicht die Abdrängung der vielen durch die wenigen von den Produktionsmitteln, dann müssen wir den Privatbesitz von Produktionsmitteln jedem einzelnen und privaten Teil der Gemeinschaft verbieten; aber irgendwer muß über die Produktionsmittel verfügen können, sonst hätten wir nichts zu essen. So bedeutet diese Lehre praktisch: Übertragung der Produktionsmittel und Leitung derselben durch die staatlichen Behörden der Gemeinschaft. Ob diese staatlichen Behörden selbst wieder der Gemeinschaft verantwortlich sind oder nicht, hat mit der wirtschaftlichen Seite dieser Lösung nichts weiter zu tun. Der wesentliche Punkt, auf den es ankommt, ist, daß man nur zwischen privatem und staatlichem Eigentum zu wählen hat. Irgendwer muß sich darum kümmern, daß gepflügt wird, und über die Pflüge verfügen können, sonst wird eben nicht gepflügt werden.

Ebenso ist klar, daß wenn wir schließen, das Eigentum an sich sei kein Übel ist, sondern nur die geringe Zahl von Eigentumsberechtigten, dann muß das Heilmittel in einer Vermehrung der Zahl dieser Besitzenden und Eigentumsberechtigten bestehen.

Steht dies alles einmal fest, so können wir wiederholen und sagen: eine Gesellschaft wie die unsere, die den Namen »Sklaverei« verpönt und eine direkte und bewußte Wiederherstellung des Sklavenstandes ablehnt, wird notwendig die Reform der schlechten Eigentumsverteilung auf die eine oder andere von zwei möglichen Weisen versuchen müssen. Die eine Verfahrungsweise ist die Abschaffung des Privateigentums und die Einführung des sogenannten Kollektivismus, d. h. die Übertragung der Produktionsmittel auf die staatlichen Behörden der Gesamtheit. Die zweite besteht in der Erweiterung der Eigentumsverteilung, bis diese allgemeine Eigentumsverteilung das charakteristische Merkmal des ganzen Staates geworden ist und bis freie Bürger in der Regel Besitzer von Kapital, Grund und Boden oder von beidem geworden sind.

Ein nach dem ersten Verfahren oder Vorbild eingerichtetes Gemeinwesen nennen wir Sozialismus oder den kollektivistischen Staat; das nach dem zweiten Verfahren eingerichtete Gemeinwesen einen Staat mit geregeltem Eigentum oder geregelter Verteilung, den distributistischen Staat.

Nach dieser Klarstellung will ich im nächsten Abschnitt dazu übergehen, zu zeigen, warum das zweite Verfahren, also die Neuregelung der Eigentumsverhältnisse, von unserer bestehenden kapitalistischen Gesellschaft als undurchführbar abgelehnt wird, und warum daher die Reformer dem anderen Verfahren, dem kollektivistischen Staat, den Vorzug geben.

Ich werde dann dazu übergehen, zu zeigen, daß jede kollektivistische Reform von allem Anfang an notwendig einen Irrweg einschlägt und an Stelle dessen, was sie beabsichtigt, etwas Neues erzeugt: eine Gesellschaft, in der der Besitz auf eine Minderheit beschränkt bleibt und in der die proletarische Masse Sicherheit um den Preis der Versklavung erhält.

Habe ich mich deutlich genug ausgedrückt?

Wenn nicht, so will ich zum drittenmal und mit ganz kurzen Worten die Formel wiederholen, die den Kernpunkt meiner ganzen These bildet.

Der kapitalistische Staat gebiert eine kollektivistische Theorie, die, in die *Wirklichkeit* umgesetzt, etwas vom Kollektivismus gänzlich Verschiedenes erzeugt, nämlich: den *Sklavenstaat.*

Siebenter Abschnitt

Der Sozialismus ist die scheinbar leichteste Lösung der kapitalistischen Crux

Ich behaupte, daß die Umwandlung eines kapitalistischen Staates in einen Sklavenstaat einer Umwandlung in der Richtung des geringsten Widerstandes entspricht.

Das liegt, wie ich zeigen werde, daran, daß für einen kapitalistischen Staat nicht die Regelung der *Verteilung,* der Distribution, sondern eine *kollektivistische* Lösung am naheliegendsten ist, wobei aber das, was bei dem Versuch, den *Kollektivismus* zu verwirklichen, herauskommt, überhaupt kein Kollektivismus ist, sondern die Versklavung der vielen und die Bestätigung der wenigen in ihrer jetzigen privilegierten Stellung, und das heißt: der Sklavenstaat.

Alle, die das Institut der Sklaverei verabscheuen, schlagen als Heilmittel gegen den Kapitalismus eine von zwei möglichen Reformen vor.

Entweder wollen sie möglichst viele Bürger mit einem Eigentum ausstatten, indem sie Grund und Boden und Kapital so verteilen, daß die größtmögliche Anzahl von Familien im Staate Produktionsmittel besitzt; oder sie wollen diese Produktionsmittel den staatlichen Behörden der Gemeinschaft überantworten, die sie als Treuhänder zum Nutzen der Allgemeinheit besitzen und verwalten sollen.

Die erstere Lösung bezeichnen wir als Versuch der Begründung des *distributistischen Staates.* Die letztere als Versuch der Begründung des *kollektivistischen Staates.*

Die Befürworter des ersteren Weges sind die Konservativen oder Traditionalisten, Leute, die die alten Formen des christlichen Lebens Europas hochachten und womöglich erhalten möchten. Sie wissen, daß in den glücklichsten Epochen unserer geschichtlichen Vergangenheit das Eigentum gleichmäßig im ganzen Staate verteilt war, sie wissen auch, daß, wo eine solche gleichmäßige Verteilung heute noch besteht, die Gesellschaft in gesunderen und bequemeren Verhältnissen lebt als anderswo. Im allgemeinen sind diejenigen, die womöglich den distributistischen Staat an Stelle und als Heilmittel der Laster und Unrast des Kapitalismus wiederherstellen möchten, Personen, die mit bekannten Tatsachen rechnen und das Ideal einer Gesellschaftsverfassung vor Augen haben, die sich erfahrungsgemäß als stabil und gut erwiesen und bewährt hat. Von den zwei Reformrichtungen sind sie also die *Praktiker* in dem Sinne, daß sie sich mehr als die Kollektivisten (auch Sozialisten genannt) mit dem befassen, was jetzt noch existiert oder in der Vergangenheit wirklich existiert hat. Sie sind aber weniger praktisch in einem anderen Sinne (wie wir sofort sehen werden), und zwar deswegen, weil die Krankheit in dem heutigen Stadium sich nicht leicht nach dem Rezept kurieren läßt, wie jene vorschlagen.

Die Kollektivisten ihrerseits schlagen vor, Grund und Boden und Kapital den staatlichen Behörden der Gemeinschaft zu überlassen, wobei sie wollen, daß diese solchen Grund und Boden und solches Kapital als Treuhänder zum Vorteil der Gesamtheit verwalten sollen. Bei diesem Vorschlag handelt es sich ersichtlich um einen bislang imaginären Zustand; dieses Ideal ist nicht durch Erfahrung erprobt, kein Ideal, für das man sich aus unserem Volksleben und aus unserer Geschichte auf Beispiele berufen kann. In diesem Sinne ist also das kollektivistische Ideal das weniger *praktische* von den zwei Reformen. Das kollektivistische Ideal ist in keiner vergangenen und beglaubigten Epoche unserer Gesellschaft, von der wir wissen, als Tatbestand vorfindbar. Wir können den Sozialismus nicht auf seine tatsächlichen Leistungen hin prüfen, wir können nicht (ebenso wie von der gleichmäßigen Verteilung des Eigentums) sagen: »Bei der und der Gelegenheit, in dieser oder jener Periode der europäischen Geschichte wurde der Kollektivismus eingeführt und schuf sowohl Stabilität als auch Glück in der Gesellschaft.«

In diesem Sinne ist also der Kollektivist viel weniger praktisch als der Reformer, der die gleichmäßige Verteilung des Eigentums anstrebt.

Anderseits aber ist in einem bestimmten Sinne der Sozialist praktischer als jener andere Reformtyp, und zwar aus dem Grunde, weil die Stufe der Verelendung, in die wir geraten sind, offenkundig ein Heilmittel nach kollektivistischer Art mit geringerer Erschütterung zuläßt als eine Reaktion im Sinne gleichmäßiger Verteilung des Eigentums.

2. Vom *praktischen* Reformer:

Ein Beispiel: Die Verstaatlichung einer großen privatkapitalistischen Unternehmung (wie z. B. einer Eisenbahn- oder einer Hafengesellschaft), wobei der Betrieb durch staatlich besoldete Beamte weitergeführt und die Erträge zum Nutzen des Staates verwendet werden, ist ein Vorgang, mit dem wir vertraut sind und der sich scheinbar ins Unbegrenzte vervielfältigen läßt. Einzelne Beispiele solcher Umstellung von Wasserwerken, Gasanstalten, Straßenbahnen aus einer kapitalistischen auf eine kollektivistische Grundlage sind allgemein bekannt, und durch solche Umwandlung tritt in keiner wesentlichen Hinsicht eine Störung unserer Gesellschaft ein. Wenn eine private Wasserversorgungsgesellschaft oder Straßenbahn von einer Stadt aufgekauft und dann gemeinwirtschaftlich betrieben wird, so vollzieht sich diese Transaktion ohne merkliche Reibung, greift nirgends störend in das Privatleben eines Bürgers ein und scheint in der Gesellschaft, in der sie stattfindet, vollkommen normal zu sein.

Dahingegen würde der Versuch, die Anzahl der Aktionäre an solchen Unternehmungen zu vermehren und künstlich viele Teilhaber zu schaffen, die, unter die ganze Masse der Bevölkerung verteilt, an die Stelle der ursprünglich wenigen kapitalistischen Besitzer treten, übermäßig lange dauern, bei jedem Schritt Widerstand erzeugen, würde Störungen hervorrufen, sich nur unter großen Reibungen durchsetzen lassen und wäre außerdem gefährdet, weil die neuen und zahlreichen Anteilseigner ihre Anteile wieder an die wenigen verkaufen würden.

Mit einem Wort: wer das Eigentum als eine der Gesamtheit der Staatsbürger gemäße und normale Einrichtung wiederherstellen will, schwimmt *gegen den Strom* unserer bestehenden kapitalistischen Gesellschaft, während derjenige, der den Sozialismus – d. h. den Kollektivismus – einführen will, *mit dem Strom* dieser Gesellschaft schwimmt. Der erstere gleicht einem Arzte, der einem infolge Nichtgebrauch der Glieder an Knochenschwund leidenden Patienten sagen würde: »Tun Sie dies und jenes, machen Sie bestimmte Übungen, und Sie werden den Gebrauch ihrer Glieder wiedererlangen.« Der zweite gleicht dem Arzt, der sagen würde: »So kann es nicht weitergehen. Ihre Glieder sind infolge ungenügenden Gebrauchs verkümmert. Ihre Bemühungen, sich so zu gebärden, als wären sie in Ordnung, ist vergeblich und schmerzlich. Sie täten besser, sich innerlich so einzustellen und nur solche Bewegungen auszuführen, die der Art ihrer Krankheit entsprechen.« Der Arzt ist der Reformer, sein Patient das Proletariat.

Es ist nicht der Zweck dieses Buches, zu zeigen, wie und mit welchen Schwierigkeiten ein Zustand gleichmäßiger Eigentumsverteilung wiederhergestellt und (gerade in England) an Stelle des Kapitalismus treten könnte, der jetzt nicht mehr länger stabil und erträglich ist, aber um den Gegensatz und meinen eigenen Standpunkt kräftig herauszuarbeiten, möchte ich, bevor ich zeige, wie der Kollektivist unbewußt für den Sklavenstaat arbeitet, dazu übergehen, zu zeigen, welche Schwierigkeiten einer Lösung im Sinne der distributistischen Lösung entgegenstehen und warum daher die kollektivistische Lösung für die unter dem Kapitalismus lebenden Menschen so sehr viel einleuchtender ist.

Wenn ich in einem einzelnen Wirtschaftszweig wenige Großbesitzer durch eine Anzahl kleiner Besitzer ersetzen will, wie muß ich es anfangen?

Ich könnte kühn konfiszieren und mit einem Schlage eine Neuverteilung vornehmen. Aber nach welchem Verfahren würde ich die neuen Besitzer auswählen? Gesetzt selbst, es gäbe ein mechanisches Verfahren, durch das die Gerechtigkeit der Verteilung gewahrt werden könnte; wie könnte ich die zahllosen und massenhaften einzelnen Akte von Ungerechtigkeit vermeiden, die bei einer solchen allgemeinen Neuverteilung stattfinden würden? Es ist etwas gänzlich Verschiedenes, wenn man sagt: »Keiner soll etwas besitzen«, und konfisziert, oder wenn man sagt: »Jeder soll etwas besitzen«, und den Besitz regelmäßig verteilt. Eine derartige Handlung würde das ganze Netzwerk der wirtschaftlichen Beziehungen so stören, daß sie sofort das ganze staatliche Gemeinwesen, insbesondere aber die kleineren, mittelbar betroffenen Interessen zugrunde richten müßte. In einer Gesellschaft wie der unsrigen könnte eine über den Staat von außen hereinbrechende Katastrophe heilsam sein, indem sie eine solche Neuverteilung ermöglichen würde. Aber keiner, der im Staat wirkt, könnte diese Katastrophe hervorrufen, ohne seine eigene Sache zugrunde zu richten.

Wenn ich aber langsamer und verständiger vorgehe und das wirtschaftliche Leben der Gesellschaft in solche Bahnen zu lenken versuche, daß der kleine Besitz in ihr allmählich eine Stärkung erfährt, gegen welche Kräfte der Trägheit und der Gewohnheit habe ich da heutzutage in einer kapitalistischen Gesellschaft anzukämpfen!

Wenn ich die kleinen Sparer auf Kosten der großen begünstigen will, so muß ich das ganze Sparwesen und die Art, wie heute Einlagen verzinst werden, auf den Kopf stellen. Es ist viel leichter, von einem Einkommen von 1000 £ 100 £ zu sparen als 10 £ von einem Einkommen von 100 £. Es ist unendlich viel leichter, bei einem Einkommen von 100 £ 10 £ zu sparen als 5 £ bei einem Einkommen von 50 £. Ein kleines eigenes Vermögen durch Rücklagen zu bilden, ist, wenn einmal die Masse proletarisiert ist, nur dann möglich, wenn man den kleinen Sparern bewußt Sondervorteile gewährt und ihnen einen Ertrag zukommen läßt, den sie bei freier Konkurrenz niemals erhalten könnten. Und um dies zu tun, müßte das ganze Kreditwesen rückläufig entwickelt werden. Oder nehmen wir an, es werde die Politik verfolgt, Unternehmungen mit wenig Besitzern schlechter zu behandeln, indem man große Aktienpakete stark besteuert und mit den Steuererträgen Kleinaktionäre im Verhältnis der Kleinheit ihres Besitzes unterstützt. Hier stoßen wir wieder auf die Schwierigkeit, daß die große Mehrheit nicht einmal für die kleinste Aktie kaufkräftig ist.

Man könnte unendlich zahlreiche Beispiele dieser Art anführen, aber der stärkste Widerstand gegen die Verteilung des Besitzes in einer von kapitalistischen Denkweisen schon durchseuchten Gesellschaft ist doch immer ein moralischer: Werden die Menschen mit dem Besitz etwas anfangen können? Werden Beamte, Verwalter, Gesetzgeber imstande sein, die Macht, die beim Kapitalismus den Reichen zu gehören scheint, zu erschüttern? Wenn ich z. B. den Unternehmungen eines unserer großen Trusts an den Leib rücke, sie mit öffentlichen Geldern aufkaufe und die Anteile den betreffenden Arbeitern sogar schenke: kann ich darauf zählen, daß unter ihnen ein so starkes traditionelles Gefühl für Eigentum vorhanden sein wird, daß eine Verschleuderung des neuen Vermögens ausgeschlossen ist? Kann ich bei solchen Menschen irgendwelche Überreste des genossenschaftlichen Urgefühls vorfinden? Könnte ich Direktoren und Organisatoren finden, die eine Gruppe armer Leute ernst nehmen und ihnen so dienen, wie sie reichen Leuten dienen würden? Ist nicht die ganze Psychologie einer kapitalistischen Gesellschaft polar getrennt, einerseits in eine Psychologie der proletarischen Masse, die nicht in Begriffen des Eigentums, sondern der »Anstellung« denkt, und andererseits in eine Psychologie der Minderheit von Besitzenden, die allein mit der Mechanik der Verwaltung und Betriebsleitung vertraut ist?

Ich habe dieses Problem nur ganz kurz und oberflächlich berührt, denn es bedarf keiner ausführlichen Darstellung. Es ist jedoch ganz klar, daß bei hinlänglich gutem Willen und genügend starker Lebenskraft der Gesellschaft das Eigentum wiederhergestellt werden könnte, und es ist ebenso klar, daß alle Bemühungen seiner Wiederherstellung in einer kapitalistischen Gesellschaft wie der unseren etwas Gewagtes an sich haben, sie sind gleichsam ein Experiment mit ungewissem Ausgang, das mit anderen gesellschaftlichen Tatsachen ringsum nicht recht zusammenstimmt und die das schwere Hindernis sind, unter dem jeder derartige Versuch vor sich geht. Es ist so, wie wenn man einem alten Manne empfehlen würde, flexibel zu sein.

Auf der anderen Seite fügt sich das kollektivistische Experiment (scheinbar wenigstens) ganz gut in die kapitalistische Gesellschaft, als deren Ersatz es dienen soll, ein. Es arbeitet mit dem vorhandenen kapitalistischen Apparat, spricht und denkt in der bestehenden kapitalistischen Begriffswelt, reizt gerade die Begehrlichkeiten, die der Kapitalismus geweckt hat, und verspottet als phantastisch und unerhört gerade die Dinge, deren Andenken unter den Menschen der Kapitalismus getötet hat überall da, wo sein Gifthauch sich verbreitete.

Das trifft so sehr zu, daß einem gewissen naiven Kollektivismus die »kapitalistische Phase« der Gesellschaft als notwendige Vorbedingung der »kollektivistischen Phase« erscheint. Ein Trust oder Monopol werden gerne gesehen, weil sie eine »Art des Übergangs aus dem privaten zum öffentlichen Eigentum bedeuten«. Der Kollektivismus verheißt der großen Masse Arbeitsgelegenheit, und die Masse denkt bei Produktion nur an Anstellung, an Arbeitsgelegenheit. Der Kollektivismus verheißt den Arbeitern die Sicherheit, die eine große, gut organisierte industriekapitalistische Einheit (wie etwa die englischen Eisenbahnen) durch ein System von Pensionen, regelmäßige Beförderung usw. gewähren kann, und zwar eine um so viel größere Sicherheit, weil der Staat und nicht bloß ein Teilglied des Staates sie gewährleistet. Der Kollektivismus würde den Betrieb führen, Löhne zahlen, befördern, Ruhegehälter aussetzen, Strafgelder einziehen und alles tun, was sonst dazu gehört, genau so wie heutzutage der kapitalistische Staat. Der Proletarier nimmt an dem ihm vorgehaltenen Bilde des kollektivistischen (oder sozialistischen) Staates nur bestimmte Verbesserungen seiner gegenwärtigen Lage wahr. Wer kann sich vorstellen, daß, wenn etwa zwei unserer großen Erwerbszweige, wie Kohlen und Eisenbahnen, morgen verstaatlicht würden, die herkömmliche Lebensführung der organisierten Massen irgendwie geändert würde, außer etwa, daß sie eine etwas größere Sicherheit und vielleicht um etwas höhere Löhne erhielten?

Das ganze kollektivistische Programm enthält, soweit die proletarische Masse eines kapitalistischen Staates in Betracht kommt, gar nichts Unbekanntes, sondern bietet die Verheißung einer Lohnsteigerung und die Gewißheit einer viel größeren seelischen Erleichterung.

Der kleinen Minderheit einer kapitalistischen Gesellschaft, die im Besitz der Produktionsmittel ist, wird der Kollektivismus freilich als etwas Feindliches erscheinen, aber gleichwohl als ein Feind, mit dem man sich verständigen kann, als ein Feind, mit dem man verhandeln kann in einer Sprache, die sowohl dieser Feind als auch sie selbst verstehen. Wenn z. B. der Staat diesen oder jenen Trust, der jetzt 4 Prozent Dividende verteilt, übernehmen will und glaubt, daß der Trust unter staatlicher Leitung 5 Prozent zahlen kann, so nimmt die Verstaatlichung die Form eines geschäftlichen Vorschlags an: der Staat ist dem mediatisierten Kapitalisten gegenüber nicht hartherziger, als Herr Yerkes[11] es gegen die Untergrundbahn war. So kann der Staat, da er größeren Kredit hat und langlebiger ist, scheinbar[12] jede bestehende kapitalistische Gruppe zu günstigen Bedingungen »auskaufen« oder »verstaatlichen«. Und schließlich wäre die Betriebsdisziplin, die der Staat von dem von ihm beschäftigten Proletariat verlangt, die gleiche wie die, welche der Kapitalist heute im eigenen Interesse von seinen Arbeitern fordert.

In dem ganzen Programm, das den kapitalistischen Staat in den kollektivistischen verwandeln will, stößt man nirgends auf einen Widerstand, es wird kein Begriff eingeführt, der einer kapitalistischen Gesellschaft nicht vertraut wäre, es wird nur an solche Instinkte appelliert, die, wie Feigheit, Habgier, Teil-

11 Anm. d. Hrsg.: Charles Tyson Yerkes (1837-1905), US-amerikanischer Finanzier, der eine entscheidende Rolle beim Bau der U-Bahnen in Chicago und London spielte.

12 Daß dies eine Täuschung ist, werde ich später zu zeigen versuchen.

nahmslosigkeit und mechanische Regulierung, einer kapitalistischen Gemeinschaft ohnehin ganz nahe liegen.

Wenn hingegen das moderne kapitalistische England wie von Zauberhand in einen Staat von kleinen Produktionsmitteleigentümern verwandelt würde, so würde diese Veränderung eine ungeheure Revolution für uns bedeuten. Wir würden staunen über die Überheblichkeit der Armen, die Trägheit der Satten, die praktischen Meinungsverschiedenheiten, über die streitsüchtigen, zähen Persönlichkeiten, die überall auftauchen würden. Könnte jedoch dieses moderne kapitalistische England durch einen Prozeß, der sich langsam genug vollzöge, um die Ausgleichung der individuellen Interessen zu gestatten, in einen kollektivistischen Staat verwandelt werden, so würde am Ende dieser Umwandlung die sichtbare Veränderung von den meisten von uns gar nicht bemerkt werden, und die Umwandlung selbst hätte sich ohne theoretisch merkliche Erschütterungen vollzogen. Die unsichere und hoffnungslose Grenze unterhalb der festbesoldeten Arbeitsschichten wäre verschwunden, und stattdessen gäbe es dann isolierte Arbeitsplätze, die mit Strafbestimmungen umgeben wären: wir würden sie uns gerne gefallen lassen. An die Stelle vieler Einkommen, mit denen jetzt große Leistungen an den Staat verbunden sind, wären ebenso große oder noch größere Einkommen getreten, mit denen ungefähr die gleichen Leistungen verbunden wären und die jetzt den neuen Titel »Gehälter« tragen würden. Die Klasse der kleinen Ladenbesitzer würde zum Teil verstaatlicht werden und ein festes Gehalt beziehen, zum Teil die alten Verteilungsgewerbe weiterführen und ein sicheres Einkommen haben. Die noch übrigbleibenden kleinen Besitzer von Boden, Landwirtschaften oder auch Maschinen würden vielleicht an dem neuen Zustand der Dinge, in den sie geraten, als größte Neuerung eine gewisse Zunahme des lästigen Systems der Inspizierungen und des lästigen kleinkarierten Steuerdrucks empfinden: an beides sind sie schon reichlich gewöhnt.

Dieses Gemälde des natürlichen Übergangs aus dem Kapitalismus in den Kollektivismus scheint so einleuchtend, daß viele Kollektivisten der unmittelbar vorhergehenden Generation glaubten, von der Verwirklichung ihres Ideals trenne sie nichts als die Unvernunft der Menschen. Um die große Umwandlung möglich zu machen, brauche man sie nur geduldig und systematisch zu fordern und zu erklären. Um sie schließlich zu verwirklichen, bedürfe es nur fortgesetzter Forderung und Erläuterung.

Ich spreche von der »letzten Generation«. Heute ist dieses einfache und oberflächliche Urteil schmerzlich zerstört. Der ehrlichste und begeistertste Kollektivist kann nicht umhin, zu bemerken, daß die praktische Wirkung dieser Propaganda nicht eine Annäherung an den kollektivistischen Staat, sondern an etwas davon gänzlich Verschiedenes gewesen ist. Es zeigt sich immer deutlicher, daß mit jeder neuen Reform – diese gewöhnlich von einzelnen Sozialisten vorgeschlagenen Reformen werden auf höchst verwickelte Weise von allen Sozialisten überhaupt gebilligt – ein anderer Staat immer deutlicher emportaucht. Es wird immer deutlicher, daß der Versuch, den Kapitalismus in den Kollektivismus umzuwandeln, überhaupt nicht im Kollektivismus endigt, sondern in etwas Drittem, das sich weder der Kollektivist noch der Kapitalist je träumen ließ. Und dieses Dritte ist der *Sklavenstaat,* d. h. ein Staat, wo die Masse der Menschen durch Gesetz zur Arbeit für den Vorteil und Gewinn einer Minderheit gezwungen sein wird, aber als Entgelt für diesen Zwang eine Sicherheit genießen wird, die ihnen der alte Kapitalismus nicht geben konnte.

Warum nimmt die scheinbar so einfache und direkte Wirkung einer kollektivistischen Reform einen so unerwarteten Ausgang? Und an welchen neuen Gesetzen und Einrichtungen des modernen England im besonderen und der wirtschaftenden Gesellschaft im allgemeinen läßt sich erkennen, daß wir diese neue Form des Staates vor uns haben?

Auf diese zwei Fragen will ich in den zwei letzten Abschnitten dieses Buches eine Antwort zu geben versuchen.

Achter Abschnitt

Sowohl die aktiven Träger als auch die passiven Reformgegenstände sind Wegbereiter des Sklavenstaates

In diesem Abschnitt will ich zeigen, wie die drei Interessen, die sämtliche auf eine soziale Veränderung im modernen England hinwirkenden Kräfte in sich umfassen, notwendig auf den Sklavenstaat zutreiben.

Von diesen Interessen verkörpern die ersten beiden die Reformer, das dritte das reformbedürftige Volk.

Diese drei Interessen sind: erstens der *Sozialist,* der als theoretischer Reformer in der Richtung des geringsten Widerstandes arbeitet; zweitens der *»Praktiker«,* der als »praktische« Mann sich auf die Enge seines Gesichtskreises verläßt und eben deswegen heute ein einflußreicher Faktor ist; drittens jene große *proletarische Masse,* für welche die Veränderung erstrebt wird und der sie auferlegt werden soll. Was diese anzunehmen bereit sein wird, die Art, wie sie auf neue Einrichtungen reagieren wird, ist der allerwichtigste Faktor, denn sie ist das Material, mit welchem und für welches das Werk geschehen soll.

1. Vom *sozialistischen Reformer*

Ich behaupte, daß diejenigen, die den Kollektivismus oder Sozialismus als das Heilmittel für die Mißstände des kapitalistischen Staates zu verwirklichen streben, in Wirklichkeit nicht auf einen kollektivistischen, sondern auf den Sklavenstaat hinarbeiten.

Die sozialistische Bewegung, der erste der drei Faktoren bei dieser Tendenz, wird selbst von zwei Arten von Menschen getragen. Da ist a) der Mann, der die Verstaatlichung der Produktionsmittel (mit dem daraus folgenden Arbeitszwang für alle Bürger unter staatlicher Leitung) als die einzig mögliche Lösung für unsere modernen gesellschaftlichen Mißstände betrachtet. Und da ist b) der Mann, der das kollektivistische Ideal an sich liebt, der es nicht so sehr deshalb erstrebt, weil es eine Lösung für den modernen Kapitalismus, sondern weil es eine geordnete und regulierte Gesellschaftsform ist, die ihn an sich anspricht. Er hat das Ideal eines Staates im Auge, in dem staatliche Behörden über Grund und Boden und Kapital verfügen, die ihrerseits wieder anderen Menschen gebieten und sie so vor den Folgen *ihrer* Laster, ihrer Unwissenheit und Torheit bewahren.

Das sind ganz verschiedene, in vielerlei Hinsicht gegensätzliche Typen, die in sich die ganze sozialistische Bewegung umfassen.

Nun stellen wir uns einmal vor, wie jeder von diesen beiden Typen die gegebene Lage der kapitalistischen Gesellschaft auffaßt und sie zu verändern versucht. Welches ist die Richtung des geringsten Widerstandes, in der der eine und der andere sich bewegen wird?

a) Der erste Typus wird damit beginnen, die Beschlagnahme der Produktionsmittel zu fordern. Er wird sie den jetzigen Besitzern wegnehmen und dem Staat übergeben wollen. Aber halten wir einen Augenblick inne! Diese Forderung läßt sich außerordentlich schwer durchführen. Zwischen den derzeitigen Inhabern der Produktionsmittel und der Konfiskation steht eine harte moralische Schranke. Es ist das, was die *meisten* Menschen die sittliche Grundlage des Eigentums nennen würden (der Instikt, daß Eigentum ein *Recht* ist) und wovon *alle* Menschen zugeben, daß es zumindest eine tiefwurzelnde Tradition ist. Und weiter: hinter ihnen stehen die zahllosen Verflechtungen der modernen Besitzverhältnisse.

Nehmen wir einen sehr einfachen Fall. Es würde etwa dekretiert, daß alle seit 1760 eingehegten Gemeinländereien ins Eigentum der Gesamtheit zurückkehren sollen. Das wäre eine sehr maßvolle Verfügung, die sich überdies sehr gut verteidigen ließe. Aber nun bedenke man einen Augenblick, wie viele kleine freie Besitzstellen, welches Netz von Verpflichtungen und Rechten von Millionen, wieviel tausende Rechtsgeschäfte, wieviel Käufe, die mittels der Sparpfennige kleiner Leute zustande kamen, eine solche Maßnahme zertrümmern würde! Denkbar wäre eine solche Maßnahme immerhin, denn vom sittlichen Standpunkte aus kann die Gesellschaft alles der Gesellschaft zufügen, aber sie würde zwanzigmal soviel Werte und das ganze sichere Kreditwesen unserer Gemeinschaft vernichten. Mit einem Worte, so etwas ist, landläufig gesagt, unmöglich. So muß unser bester Typus eines sozialistischen Reformers zu einem Mittel greifen, das ich hier nur kurz erwähnen will – es muß später wegen seiner grundlegenden Bedeutung besonders behandelt werden –, nämlich zu dem Mittel, den gegenwärtigen Besitzer zu entschädigen oder »auszukaufen«.

Es genügt, an dieser Stelle darauf hinzuweisen, daß der Versuch, nicht zu konfiszieren, sondern zu »entschädigen«, auf einem wirtschaftlichen Irrtum beruht. Das werde ich an der richtigen Stelle beweisen. Im Augenblick nehme ich es als bewiesen an und gehe dazu über, was unser Reformer sonst noch tun wird.

Er beschlagnahmt also nicht, bestenfalls leistet er für gewisse Teile der Produktionsmittel »Entschädigung« (oder versucht es zumindest).

Aber mit dieser Tat ist keineswegs alles, was er anstrebt, erreicht. Nach unserer Begriffsbestimmung ist er ja darauf aus, die augenscheinlich großen unmittelbaren Mißstände der kapitalistischen Gesellschaft zu beheben. Er ist darauf aus, die Verelendung, in die große Bevölkerungsmassen durch den Kapitalismus geraten sind, und die aufreibende Unsicherheit, unter der alle leiden, zu beheben. Er ist darauf aus, an Stelle der kapitalistischen Gesellschaft eine andere zu setzen, in der alle Menschen Nahrung, Kleidung, Wohnung haben und nicht in ständiger Gefährdung ihrer Wohnung, Kleidung und Nahrung leben.

Nun gut; es gibt einen Weg, dies ohne Beschlagnahme zu erreichen. Dieser Reformer erblickt mit Recht in der Einschränkung des Eigentumsrechts an den Produktionsmitteln die Ursache der Übel, die seine Entrüstung und sein Mitleid erregen. Aber diese Übel sind nur entstanden, weil das so beschränkte Eigentumsrecht mit der Freiheit aller verkoppelt ist. Diese Verkoppelung der beiden ist die eigentliche Begriffsbestimmung des kapitalistischen Staates. Es ist in der Tat schwierig, den Besitzern ihren Besitz einfach wegzunehmen. Es ist aber keineswegs so schwer (wie wir gleich sehen werden, wenn wir auf die Massen zu sprechen kommen, die von diesen Änderungen hauptsächlich berührt werden), den Faktor Freiheit zu ändern.

Man kann zu dem Kapitalisten so sagen: »Ich will deinen Besitz wegnehmen und ich will überdies, daß deine Arbeiter ein erträgliches Leben führen.« Der Kapitalist antwortet: »Ich lehne es ab, mich enteignen zu lassen, und es ist ohne eine Katastrophe unmöglich, meinen Besitz wegzunehmen. Wenn ihr aber das Verhältnis zwischen mir und meinen Arbeitern in feste Regeln bringen werdet, so werde ich die meiner Stellung entsprechenden Verantwortungen übernehmen. Stellt den Proletarier als Proletarier und weil er Proletarier ist unter ein besonderes Ausnahmerecht. Legt mir, dem Kapitalisten als Kapitalisten und weil ich Kapitalist bin, umgekehrt besondere gesetzliche Pflichten auf. Ich werde gewissenhaft darauf achten, daß sie eingehalten werden. Ich werde meine Arbeiter zwingen, ihnen zu gehorchen, und werde die mir vom Staate auferlegte neue Rolle übernehmen. Ja, ich gehe weiter und behaupte sogar, daß eine solche neue Ordnung meine Gewinne vielleicht vermehren, ganz bestimmt aber sicherer machen wird.«

Dieser idealistische Gesellschaftsreformer findet also den Strom seiner Wünsche in kanalisiert. Auf der einen Seite ist die Konfiskation behindert und eingedämmt, auf der anderen Seite sind die Wege, um dem Proletariat menschliche Lebensbedingungen zu verschaffen, offen. Die Hälfte des Stromes ist durch ein starkes Stauwerk abgeriegelt, aber es gibt eine Schleuse, und diese kann geöffnet werden. Ist sie einmal geöffnet, so wird sich der Strom mit seiner ganzen Kraft in das so bereitete Bett ergießen, da wird er sich stauen und den Abzugsweg vertiefen, dort wird der Hauptstrom verlaufen.

Lassen wir die Metaphern einmal beiseite! Alles im eigentlich sozialistischen Programm, was sich mit dem Sklavenstaat verträgt, läßt sich sicherlich durchführen. Die ersten Schritte dazu sind schon getan. Sie sind so beschaffen, daß man darauf in der gleichen Richtung weiterbauen und den ganzen kapitalistischen Staat rasch und leicht in den Sklavenstaat verwandeln kann. Bei dieser Umwandlung können die mehr unmittelbaren Forderungen und die dringlicheren Wünsche des Sozialreformers, dessen Endziel freilich der staatliche Besitz von Kapital und Grund und Boden sein kann, dessen treibende Kraft aber ein heißes Mitgefühl für die Armut und Gefährdung der Massen ist, befriedigt werden.

Ist die Umwandlung vollständig durchgeführt, so wird kein Grund, kein Wunsch und keine Notwendigkeit für Verstaatlichung des Eigentums vorhanden fein. Der Reformer forderte sie ja nur, um Sicherheit und auskömmliches Leben zu verschaffen; er hat seine Absicht erreicht. Jetzt sind Sicherheit und auskömmliche Lebenshaltung durch eine andere, viel leichtere Methode erreicht, die sich mit der unmittelbar vorausgehenden kapitalistischen Phase wohl verträgt und aus ihr entspringt. Es liegt kein Bedürfnis vor, weiter zu gehen.

Auf diese Weise wird der Sozialist, dessen Motiv nicht bloße Organisation, sondern das Wohl des Menschen ist, gegen seinen Willen *von* seinem kollektivistischen Ideal abgedrängt und *zu* einer Gesellschaftsform geführt, in der die Besitzer ihren Besitz behalten, die Besitzlosen aber weiter besitzlos bleiben, wo die breite Masse weiter für den Vorteil der wenigen arbeiten und wo diese wenigen weiter den von der Arbeit geschaffenen Mehrwert genießen werden, nur, daß die besonderen Mißstände, Unsicherheit und unzureichende Lebensführung, durch die Zerstörung der Freiheit ausgemerzt worden sind.

Am Ende des Prozesses werden wir zwei Gattungen von Menschen haben: die wirtschaftlich freien Besitzenden, die über die wirtschaftlich unfreien Besitzlosen herrschen und ihnen Frieden und auskömmlichen Lebensunterhalt gewährleisten. Dies aber ist der Sklavenstaat.

b) Den zweiten Typ eines sozialistischen Reformers können wir kürzer behandeln. Entrüstung über die Ausbeutung eines Menschen durch einen anderen kennt er nicht. Er ist überhaupt nicht die Art von Typ, der sich entrüstet oder sonst in leidenschaftliche Erregung gerät. Diagramme, Statistiken, ein exakter Lebensrahmen – solche Dinge sind die Nahrung, die seinen moralischen Appetit befriedigen; die ihm am besten liegende Beschäftigung ist der »Betrieb« der Menschen, der »läuft«, so wie eine Maschine »läuft«.

Einen solchen spricht das kollektivistische Ideal ganz besonders an.

Denn der Kollektivismus will Ordnung bis zum äußersten. Die ganze menschliche und organische Mannigfaltigkeit, die jeder lebendigen Gesellschaft Färbung gibt, erregt durch ihre unendliche Differenziertheit bei ihm Anstoß. Die Vielfältigkeit der Dinge stört ihn; das Bild einer riesigen Bürokratie, worin das Lebensganze fein säuberlich katalogisiert und auf gewisse einfache Formeln gebracht ist, nach denen sich staatliche Buchhalter richten, und das von staatlich befugten Abteilungsvorständen geleitet wird, gewährt seinem kleinen Magen endgültige Befriedigung.

Nun, auch dieser Mann würde wie der andere gerne mit der Verstaatlichung von Kapital und Grund und Boden beginnen und auf dieser Grundlage das formale Schema, das seinem eigenen Temperament so sehr entspricht, aufbauen. (Es braucht kaum gesagt zu werden, daß er in seiner Vision einer künftigen Gesellschaft seine eigene Person als Leiter zumindest einer Abteilung und wahrscheinlich des ganzen Staates sieht – aber dies nur nebenbei.) Aber während er gerne mit einem fix und fertigen Plan beginnen würde, findet er, daß dies praktisch nicht so geht. Er müßte geradeso wie der aus härterem Holze geschnitzte Sozialist das Privateigentum beschlagnahmen; und wenn ein solches Vorgehen schon sehr schwierig ist für jemanden, den der Anblick menschlichen Unrechts in Feuer und Flammen versetzt, um wieviel schwieriger ist dies für einen, der, von keinem so starken Motiv getrieben, nur den Heißhunger nach mechanischer Ordnung als stärkste Maxime seines Handelns kennt.

Er kann nicht Privateigentum beschlagnahmen oder damit anfangen. Bestenfalls wird er den Kapitalisten »entschädigen«, ihn »auskaufen«. Nun aber bedeutet, wie ich an der betreffenden Stelle zeigen werde, in diesem Falle wie bei dem mehr menschlichen Sozialisten, Entschädigung ein System, das sich unmöglich allgemein anwenden läßt. Alle diese Dinge aber, die einem solchen Reformer viel mehr am Herzen liegen als die Sozialisierung der Produktionsmittel: Erfassung, Bevormundung des Menschen, Schematisierung aller Kräfte, Beseitigung jedes Einspruchsrechts gegen die amtlichen Verfügungen – alles dies kann man ohne weiteres haben, ohne die bestehende Gesellschaftsordnung zu stören. Das, was er anstrebt, kann ebenso wie das, was der andere Sozialist will, ohne jede Besitzzerstörung der wenigen Besitzberechtigten erreicht werden. Er braucht nur die Registrierung des Proletariats vorzunehmen, dann dafür zu sorgen, daß weder die Proletarier bei der Ausübung ihrer Freiheit, noch der Unternehmer im Gebrauch seiner Freiheitsrechte eine zu schmale, ungenügende Lebensbasis oder Unsicherheit schaffen – und er ist zufriedengestellt. Man mache Gesetze, welche die Beschaffung anständiger Wohnungen, Nahrungsmittel, Kleidung, Erholung für die proletarische Masse der besitzenden Klasse zur Pflicht machen, übertrage die Befolgung dieser Bestimmungen durch Aufsichtsorgane und Strafen denen, die nach seiner Behauptung den Vorteil davon haben sollen, und alles, was er wirklich erstrebt, wird erreicht sein.

Für einen solchen Mann ist der Sklavenstaat kaum das Ziel, auf das er lossteuert, er ist vielmehr eine erträgliche Alternative gegenüber seinem kollektivistischen Staatsideal, die er eben hinzunehmen und zu billigen völlig bereit ist. Schon jetzt befassen sich die meisten Reformer, die man vor einem Menschenalter noch »Sozialisten« genannt hätte, nicht so sehr mit Sozialisierungsplänen für Kapital und Grund und Boden als mit zahllosen schon vorhandenen Plänen, die zum Teil schon Gesetz geworden sind, wobei es sich immer darum handelt, das Proletariat zu regulieren, zu drillen, betriebsam zu machen, ohne daß dadurch das Privilegium der kleinen Kapitalistenklasse an den sachlichen Produktionsmitteln, Warenvorräten, Grund und Boden auch nur um einen Zentimeter verrückt würde.

Der sogenannte »Sozialist« dieses Typs ist nicht durch eine falsche Berechnung dem Sklavenstaat verfallen. Er hat ihn gefördert, er begrüßt dessen Geburt und er sieht voraus, daß er ihn künftig beherrschen wird.

So viel über die sozialistische Bewegung, die vor einem Menschenalter sich vorgenommen hatte, unsere kapitalistische Gesellschaft in eine Gesellschaft umzuwandeln, in der die Gesamtheit der alleinige, allgemeine Besitzer sein und alle Menschen wirtschaftlich gleich frei oder gleich unfrei unter der Vormundschaft der Allgemeinheit leben sollten. Heutzutage ist dieses Ideal erledigt, und von den zwei Quellen, aus denen ihre Energie gespeist wurde, beruhigt sich die eine mit Bedauern, die andere mit Behagen bei dem Nahen einer Gesellschaftsform, die überhaupt nicht sozialistisch, sondern sklavisch ist.

2. Vom *praktischen* Reformer

Es gibt noch einen anderen Reformertyp, einen, der sich rühmt, *kein* Sozialist zu sein, und der heutzutage von größter Bedeutung ist. Auch er bereitet den Sklavenstaat vor. Dieser zweite Faktor bei der Veränderung der Gesellschaft ist der »Praktiker«. Da er überaus häufig vorkommt und in den Einzelheiten der Gesetzgebung von bestimmendem Einfluß ist, müssen wir uns diesen Toren genauer ansehen.

Der »Praktiker« spricht etwa so: »Was immer ihr Theoretiker und Doktrinäre gegen diesen Vorschlag (den ich unterstütze) einzuwenden haben mögt, daß er etwa dieses oder jenes abstrakte Dogma verletzte: In der Praxis müßt ihr zugeben, daß er nützlich ist. Hättet ihr *praktische* Erfahrungen, wie schlecht es der Familie Müller geht, oder hättet ihr *praktisch* in Pudsey gearbeitet, so würdet ihr sehen, daß ein *Praktiker* ... « usw.

Es ist nicht schwer, zu entdecken, daß der Praktiker der Sozialreform genau vom gleichen Schlag ist wie der Praktiker in jedem anderen menschlichen Tätigkeitsbereich und an der zweifachen Unzulänglichkeit leidet wie der Praktiker überall sonst. Diese zweifache Unzulänglichkeit ist einmal die Unfähigkeit, sich über die eigenen obersten Grundsätze klar zu werden, und sodann die Unfähigkeit, die Folgen der eigenen Handlungen zu übersehen. Beide Unzulänglichkeiten entspringen einer und derselben einfachen und beklagenswerten Impotenz: der Unfähigkeit zu denken.

Wir wollen dem Praktiker in seiner Schwäche ein wenig zu Hilfe kommen und versuchen, ein bißchen für ihn zu denken.

Als Sozialreformer hat er (obwohl er sich dessen nicht bewußt ist) natürlich oberste Grundsätze und Dogmen wie jeder von uns, und *seine* obersten Grundsätze und Dogmen sind genau die gleichen wie die Dogmen derjenigen, die im Bereich der Sozialreform ihm geistig überlegen sind. Die beiden ihm als einem anständigen Bürger (aber sehr dummen Menschenkind) unerträglichen Dinge sind: *unauskömmliches Leben* und *Unsicherheit.* Als er in den Schauerquartieren von Pudsey »arbeitete«, oder als er von der sicheren Basis von Toynbee Hall[13] aus den Proletarier Müller aufgriff, was erschütterte den würdigen Mann am stärksten? »Arbeitslosigkeit« und »Verelendung«.

Wenn nun schon der Sozialist, der seinen Fall zu Ende gedacht hat, sei es der bloße Organisator oder sei es der nach Gerechtigkeit hungernde und dürstende Mann, durch die Macht der Verhältnisse im modernen England vom Sozialismus abgedrängt und zum Sklavenstaat hingeführt wird, um wieviel leichter wird nicht der Praktiker zu eben diesem Sklavenstaat greifen wie der Esel nach dem Heubündel? Für seine blöden und kurzsichtigen Augen ist die unmittelbare Lösung, die sich gerade beim Beginn des Sklavenstaates darbietet, das, was die

13 Anm. d. Hrsg.: Toynbee Hall ist der Name des ersten Nachbarschafts- und Bildungszentrums im Rahmen der Settlement-Bewegung, eine Niederlassung Gebildeter inmitten der armen und arbeitenden Bevölkerung.

schiefe Ebene für ein Stück hirnloser Materie ist. Das hirnlose Stück Materie gleitet die schiefe Ebene hinunter, und der Praktiker purzelt mit der gleichen unvermeidlichen Leichtigkeit aus dem Kapitalismus in den Sklavenstaat. Müller hat nicht genug. Gibst du ihm etwas aus Mildtätigkeit, so wird dieses Etwas bald aufgebraucht sein, und Müller wird wieder nicht genug haben. Müller war sieben Wochen lang ohne Arbeit. Verschaffst du ihm Arbeit »unter unserem unorganisierten und irrationalen System usw.«, so wird er sie ebenso verlieren, wie er seine früheren Arbeitsstellen verloren hat. Die Bewohner der Massenquartiere von Pudsey, die der Praktiker aus praktischer Erfahrung kennt, sind oft zur Arbeit unbrauchbar. Da gibt es noch die »Trinkseuche« und die noch schrecklichere Gewohnheit der Leute, Familien zu gründen und Kinder zu zeugen. Unser Biedermann sieht ein, daß in »aller praktischer Erfahrung solche Leute tatsächlich nicht arbeiten, wenn sie nicht zur Arbeit gezwungen werden«.

Er bringt aber, weil er es nicht kann, alle diese Dinge nicht in einen logischen Zusammenhang. Er weiß nichts von einer Gesellschaft ehemals freier Besitzer, nichts von den genossenschaftlichen und organischen Einrichtungen zum Schutze des Eigentums, die eine solche Gesellschaft spontan aus sich erzeugt. Er »nimmt die Welt, wie er sie vorfindet« – und die Folge davon ist, daß, während Menschen von größerer geistiger Fähigkeit das allgemeine Prinzip des Sklavenstaates mit mehr oder weniger Widerstreben zugeben, er, der Praktiker, jede neue Einzelheit im Aufbau dieser Gesellschaftsform wohlgefällig anglotzt. Die schrittweise Vernichtung der Freiheit (daß es eine Freiheitsvernichtung ist, merkt er gar nicht) ist das einzige so deutliche Heilmittel, daß er sich über die Doktrinäre wundert, die sich gegen den Prozeß sträuben und ihn mit Argwohn betrachten.

Wir mußten so lange bei diesem kläglichen Individuum verweilen, weil es unter den Verhältnissen unserer Generation eine besondere Macht hat. In der modernen Tauschwirtschaft genießt ein Mann dieser Art große Vorteile. Wie nie zuvor in einer anderen Gesellschaft ist er ein wohlhabender Mann und in einer gehobenen staatlichen Stellung, wie nie vorher ein solcher Bürger war. Von der Geschichte und all ihren Lehren, von den großen Gedankengebäuden der Philosophie und Religion weiß er nichts, von reinem Menschentum selbst ist er unbeschwert.

Der sich selbst überlassene Praktiker würde nicht den Sklavenstaat schaffen. Er würde überhaupt nichts schaffen außer einem Wirrwarr von regellosen Verboten, die schließlich zu irgendeiner Art von Revolte führen würden.

Leider ist er sich nicht selbst überlassen. Er ist nur der Verbündete oder die Flankendeckung starker Kräfte, denen er nichts entgegenzusetzen hat, und von einzelnen Personen, die, tüchtig und auf einen allgemeinen Umsturz vorbereitet, sich seiner mit Dankbarkeit und Verachtung bedienen. Wäre er im modernen England nicht so zahlreich vertreten und unter den außerordentlichen Umständen eines kapitalistischen Staates wirtschaftlich so einflußreich, so hätte ich ihn in dieser Analyse stillschweigend übergangen. So aber können wir uns trösten mit dem Gedanken, daß er beim Nahen des Sklavenstaates und dessen mächtiger Organisation, die von den Staatslenkern klares Denken verlangt, gewiß verschwinden wird.

Alle unsere Reformer also, sowohl die, welche denken, als auch die, welche nicht denken, sowohl die, welche den Prozeß übersehen, als auch die, welche ihn nicht übersehen, arbeiten direkt auf den Sklavenstaat hin.

3. Wie steht es mit dem dritten Faktor? Wie mit dem Volke, das reformiert werden soll? Wie mit den Millionen, um deren Leiber die Reformer sich bemühen und die das Subjekt des großen Versuches sind? Werden diese, als das Material, das sie sind, jene Umwandlung aus einem freien Proletarierverhältnis in das Knechtschaftsverhältnis, die in diesem Buch bewiesen wird, sich gefallen lassen oder sie ablehnen?

Diese Frage ist wichtig und muß entschieden werden, denn davon, ob das Material willfährig ist oder nicht, davon, ob es sich dem, was mit ihm geschehen soll, fügt oder nicht, hängt der Erfolg jedes im Sinne des Sklavenstaates wirkenden Experiments ab.

Die große Masse im kapitalistischen Staate ist proletarisch. Definitionsgemäß kann zwar die jeweilige wirkliche Menge des Proletariats und das zahlenmäßige Verhältnis zwischen Proletariat und der Gesamtzahl der Familien im Staate schwanken, muß aber groß genug sein, um das allgemeine Wesen des Staates typisch zu bestimmen. Dann erst nennen wir einen solchen Staat einen kapitalistischen. Aber wir sahen schon, der kapitalistische Staat ist kein stabiler und also kein dauernder Gesellschaftszustand. Er ist etwas Vergängliches, und gerade darum bewahrt das Proletariat in jedem *kapitalistischen* Staate mehr oder minder die Erinnerung an einen Gesellschaftszustand, bei dem die Vorfahren Eigentum besaßen und wirtschaftlich freie Leute waren.

Die Stärke dieser Erinnerung oder die Tradition ist der erste Punkt, den wir bei unserer Fragestellung im Auge behalten müssen, wenn wir fragen, wie weit ein bestimmtes Proletariat, etwa das englische der Gegenwart, den Sklavenstaat anzunehmen bereit ist, einen Zustand also, der es zum dauernden Verlust des Eigentums und aller Lebensgewohnheiten freier Menschen, die das Eigentum mit sich bringt, verurteilt.

Außerdem ist zu bemerken, daß bei allgemeiner Freiheit die schlaueren oder vom Glück mehr begünstigten Elemente der Proletarierklasse in die Kapitalistenklasse aufsteigen können. Damals, als der Kapitalismus sich erst entwickelte, war solcher Aufstieg eine so oft und allgemein verbreitete Erscheinung, daß er wie ein ständiger Faktor in der Gesellschaft wirkte und man sich einbilden konnte, es handle sich um eine ganz allgemeine Erscheinung. Solche Ergänzung der Kapitalistenklasse ist immer noch möglich. Die Häufigkeit, in der sie für das ganze Proletariat stattfindet, die Chance, die jedes Mitglied des Proletariats erwartungsgemäß hat, aus dem Proletarierverhältnis in einer besonderen Entwicklungsphase des Kapitalismus, wie etwa der gegenwärtigen, herauszutreten, ist der zweite Faktor in dem Problem.

Der dritte und weitaus wichtigste Faktor ist der Wunsch der Besitzlosen, jene Sicherheit und auskömmliche Lebenshaltung zu erringen, die ihnen der Kapitalismus mit der ihm eigenen und wesentlichen Freiheitsgestaltung geraubt hat.

Nun wollen wir das Ineinandergreifen dieser drei Faktoren in dem englischen Proletariat, wie wir es heute und in diesem Zeitpunkt kennen, näher betrachten. Dieses Proletariat bildet sicherlich die große Masse des Staates; es umfaßt ungefähr neun Zehntel der Bevölkerung, wenn wir Irland ausschließen, wo, wie ich am Schluß meiner Arbeit zeigen werde, die Gegenwirkung gegen den Kapitalismus und demzufolge gegen die Entwicklung zum Sklavenstaate schon erfolgreich ist.

Was den ersten Faktor betrifft, so hat sich darin im Verlauf eines Menschenalters ein sehr rascher Wechsel vollzogen. Das traditionelle Recht auf Eigentum lebt noch kräftig in den Vorstellungen der englischen Armen. Sämtliche sittlichen Nebenvorstellungen und -bedeutungen dieses Rechts sind ihnen noch geläufig. Sie haben noch die Vorstellung, daß Diebstahl etwas Unrechtes ist; hartnäckig greifen sie nach jedem Fetzen Eigentum, den sie erwerben können. Der Sinn dessen, was mit Eigentum, mit Erbschaft, mit Tausch, Geschenk und auch mit Vertrag gemeint ist, ist ihnen ganz genau bekannt. Es gibt keinen, der sich nicht geistig in die Lage eines Eigentümers oder Besitzenden hineindenken könnte.

Ganz anders aber steht es mit der wirklichen Erfahrung in Bezug auf das Eigentum und mit der Wirkung, die diese Erfahrung auf den Charakter und auf die Ansicht vom Staate hat. Die heute Lebenden können sich noch daran erinnern, daß zahlreiche Engländer (als kleine Grundbesitzer, kleine Handwerksmeister usw.) etwas ihr eigen nannten; daher machte das Institut des Eigentums in Verbindung mit der allgemeinen Freiheit auf den Geist des Volkes einen sehr starken Eindruck. Mehr noch, es gab eine lebendige Tradition, die sich mündlich fortpflanzte und die den Nachfahren von einem besseren Stande der Dinge aus eigener Anschauung zu berichten wußte. Ich habe selbst als Knabe mit alten Arbeitern in der Gegend von

Oxford gesprochen, die ihre Haut riskiert hatten, um gegen die Einhegung von Gemeindeland mit den Waffen in der Hand zu protestieren; selbstverständlich sind sie zum Lohn für ihren Mut von einem gutsituierten Richter ins Gefängnis gesteckt worden. Ich habe in Lancashire mit alten Leuten gesprochen, die teils aus persönlicher Anschauung von den letzten Phasen des Kleinbesitzes im Textilgewerbe erzählten, teils nach Erzählungen ihrer Väter die Verhältnisse einer Zeit schilderten, als das kleine, gleichmäßig verteilte Eigentum in der Hausweberei noch tatsächlich gang und gäbe war.

All dies ist vorbei. Das letzte Kapitel dieses Wandels hat sich besonders rasch abgespielt. Grob gesprochen kann man sagen, es war die unter den Erziehungsgesetzen (Education Acts) der letzten vierzig Jahre heranwachsende Generation, die endgültig und hoffnungslos proletarisiert worden ist. Ihr ist der Instinkt, der Gebrauch und Sinn des Eigentums verloren gegangen; und dies hatte zwei sehr starke Wirkungen, die beide unsere heutigen Lohnempfänger dazu brachten, die alten Schranken zwischen Sklavenverhältnis und Freiheitsverhältnis gering zu achten. Die erste Wirkung besteht darin, daß sie nicht mehr nach Eigentum streben und daß sie es nicht mehr erlangen zu können glauben. Die zweite Wirkung ist, daß sie die Besitzer von Eigentum als eine Klasse für sich ansehen, der sie letzten Endes immer gehorchen müssen, oft mit Neid, bisweilen mit Haß, deren moralisches Recht auf eine solche Sonderstellung die meisten von ihnen anzweifeln, viele heute kräftig leugnen würden, deren Stellung aber sie jedenfalls als eine bekannte und dauernde gesellschaftliche Tatsache hinnehmen, von der sie den Ursprung vergessen haben und deren Grundlagen ihnen in unvordenkliche Zeiten zurückzureichen scheinen.

Fassen wir zusammen: Die Haltung des Proletariats im heutigen England (d. h. die Haltung der weitaus überwiegenden Mehrheit aller englischen Familien) gegenüber dem Eigentum und gegenüber jener Freiheit, die allein durch Eigentum zu erlangen ist, beruht nicht mehr auf Erfahrung oder Hoffnung. Sie betrachten sich selbst als Lohnempfänger. Die wöchentliche

Abfindung des Lohnempfängers zu vergrößern, ist das Ziel des Strebens, das sie leidenschaftlich begehren und zu erreichen suchen. Aus dem Lohnarbeiterverhältnis hinauszutreten, würde ihnen als etwas gänzlich außerhalb der Lebenswirklichkeiten Liegendes erscheinen.

Wie steht es mit dem zweiten Faktor? Welche Gewinnchance bietet das kapitalistische System und seine Lebensbedingungen: Freiheit, volle gesetzliche Verhandlungsfähigkeit usf., dem Proletarier, der aus seinem proletarischen Milieu heraustreten will?

Von dieser Gewinnchance und ihrer Einwirkung auf das menschliche Gemüt können wir sagen, daß sie zwar nicht verschwunden, aber in den letzten vierzig Jahren sehr stark an Kraft eingebüßt hat. Man trifft oft Leute, mögen sie nun für oder gegen das kapitalistische System sprechen, die einem erzählen, daß dieses System den Proletarier gegen jedes gemeinsame Klassenbewußtsein blind macht, weil er noch Fälle kennt, wo seine Klassengenossen (gewöhnlich durch irgendeine Gemeinheit) in die Lage von Kapitalisten emporgestiegen sind. Spricht man aber mit den Arbeitern selbst, so findet man, daß die Hoffnung auf eine solche Veränderung der Vorstellungswelt des einzelnen Arbeiters sehr fern gerückt ist. Millionen Menschen in großen Erwerbszweigen, vornehmlich im Verkehrsgewerbe und Bergbau, haben auf eine solche Hoffnung völlig Verzicht geleistet. War diese Chance immer schon dürftig, wie ja stets die Hoffnungen im Glücksspiel übertrieben zu werden pflegen, so kommt sie heute für das allgemeine Bewußtsein der Arbeiter als eine verschwindend kleine Größe gar nicht in Betracht und ist gleichsam als Hoffnung auf einen Lotteriegewinn erloschen. Der Proletarier von heute betrachtet sich als endgültigen Proletarier, der innerhalb menschlicher Wahrscheinlichkeit zu nichts anderem als zum Proletarier bestimmt ist.

Diese zwei Faktoren also: die Erinnerung an einen ehemaligen Zustand wirtschaftlicher Freiheit und die vorgestellte Hoffnung einzelner Personen, daß es ihnen gelingen werde, über die Klasse der Lohnarbeiter emporzusteigen, diese beiden Faktoren, die am stärksten *dagegen* wirken könnten, daß die Lohnarbeiterklasse den Sklavenstaat sich gefallen läßt, haben so sehr an Wert eingebüßt, daß sie gegen den dritten Faktor in dem Spiele, der so stark für den Sklavenstaat wirkt, nur geringen Widerstand leisten können; dieser dritte Faktor besteht darin, daß heute alle Menschen ein dringendes Bedürfnis nach auskömmlicher Lebenshaltung und nach Sicherheit empfinden. Es ist allein der dritte Faktor, der heute ernstlich in Betracht kommt, wenn wir uns fragen, inwiefern das Material, mit dem die Sozialreform arbeitet, d. h. die breiten Volksmassen, den Wechsel der Lage anzunehmen bereit sind.

Die Frage kann in verschiedener Weise gestellt werden. Ich will sie so fassen, wie ich glaube, daß sie am prägnantesten ist.

Wenn jemand an diese Millionen Familien, die jetzt ein Lohnarbeiterdasein führen, mit dem Vorschlag heranträte, einen Dienstvertrag auf Lebenszeit zu schließen, der ihnen Daueranstellung und einen Lohnsatz sichere, den ein jeder als seinen herkömmlich vollen Arbeitsertrag ansieht, wie viele würden sich ablehnend verhalten?

Ein solcher Vertrag würde natürlich einen Verlust an Freiheit bedeuten; ein Vertrag auf Lebenszeit der geschilderten Art ist, streng genommen, überhaupt kein Vertrag. Er ist die Verneinung des Vertrags und die Hinnahme eines Status oder Standes. Wer diesen Vertrag eingeht, übernimmt eine Verpflichtung zur Zwangsarbeit, und zwar für die Dauer und im Ausmaße seiner Arbeitsfähigkeit. Es wäre ein dauernder Verzicht auf sein Recht (falls es besteht) an dem durch seine Arbeit geschaffenen Mehrwert. Wenn wir uns fragen, wie viele Menschen oder besser wie viele Familien die Freiheit (mit ihren Begleiterscheinungen fragloser Unsicherheit und möglicher Unzulänglichkeit des Lebensunterhalts) einem solchen Vertrag auf Lebensdauer vorziehen würden, so kann niemand in Abrede stellen, daß die Antwort lauten wird: »Sehr wenige würden diesen Vertrag ablehnen.« Dies ist der Schlüssel zum ganzen Problem. Wie viele aller in Betracht kommenden Menschen oder Familien den Vertrag ablehnen würden, läßt sich nicht bestimmen; aber ich behaupte, daß sogar als ein freiwilliges Angebot und nicht als eine Zwangsverpflichtung ein Vertrag dieser Art, der für die Zukunft die vertragliche Regelung vernichten und einen sklavenartigen Stand wiedereinführen würde, von der Masse des heutigen Proletariats als ein Gnadengeschenk angesehen würde.

Betrachten wir jetzt den Sachverhalt von einem anderen Gesichtspunkt aus – indem wir ihn so bald von diesem, bald von jenem Standpunkt aus betrachten, können wir ihn am besten beurteilen: Wovor fürchten sich die breiten Massen in einem kapitalistischen Staate heutzutage am meisten? Nicht vor den Strafen, die ein Gericht verhängen kann, sondern vor dem »Laufpaß«.

Man frage einen Mann, warum er sich nicht gegen diese oder jene Gesetzwidrigkeit auflehnt; warum er sich zum Opfer von Bußen und Abzügen machen läßt, gegen die ihn die Truckakte[14] besonders schützen; warum er in dieser oder jener Frage seine Meinung nicht frei äußern kann; warum er, ohne mit der Wimper zu zucken, diese oder jene Beleidigung eingesteckt hat?

Noch vor wenigen Jahrzehnten würde ein Mann auf die Frage, warum er in einem besonderen Falle seine Manneswürde verleugnet hat, geantwortet haben: es sei geschehen, weil er die Strafe des Gesetzes gefürchtet habe; heute würde er sagen: es sei geschehen aus Furcht vor Arbeitslosigkeit.

Zum zweiten Male in unserer langen europäischen Geschichte hat das Privatrecht das öffentliche Recht verdrängt; die Machtmittel, die der Kapitalist aus privater Machtfülle kraft seines Privatwillens anrufen kann, sind stärker als diejenigen, die den Gerichtshöfen zur Verfügung stehen.

Im 17. Jahrhundert fürchtete sich der Bürger, zur Messe zu gehen, weil die Richter ihn bestraft hätten. Heutzutage fürchtet sich derselbe Bürger, sich für eine soziale Theorie, die er für gerecht und richtig hält, auszusprechen, weil sein Herr ihn bestrafen würde. Die Geltung der staatlichen Mächte in Ab-

14 Anm. d. Hrsg.: Eine Reihe britischer Gesetze, das erste von 1831, die die Arbeiter vor einer Ausbeutung durch die Arbeitgeber schützen sollten.

rede zu stellen, zog staatliche Strafen nach sich, vor denen die meisten Menschen Angst hatten, während einige sie auf sich nahmen. Die Geltung privater Mächte zu leugnen, zieht heutzutage private Bestrafung nach sich, vor deren Drohung nur sehr wenige standzuhalten wagen.

Betrachten wir den Gegenstand noch von einem anderen Gesichtspunkte aus. Wir wollen annehmen, es sei ein Gesetz erlassen worden, demzufolge der Lohnarbeiter ein größeres Gesamteinkommen erhält, oder das ihn in einem geringen Umfang gegen die Unsicherheit seiner Lage schützt. Die ausführende Behörde fordert einerseits eine strenge amtliche Untersuchung über die materielle Lage des Mannes, und andererseits soll der einzelne Kapitalist oder eine Gruppe von Kapitalisten, die der Lohnarbeiter mit seiner Arbeit bereichert, über die Vergünstigungen dieses Gesetzes zu entscheiden haben. Hält die mit diesem materiellen Vorteil verknüpfte Versklavung einen Proletarier des heutigen England etwa davon ab, diesen Vorteil der Freiheit vorzuziehen? Es ist offenkundig, daß dies nicht der Fall ist.

Ganz gleich, unter welchem Gesichtswinkel wir den Fall ansehen, immer ergibt sich das gleiche Resultat. Jene große Masse von Lohnempfängern, der Unterbau unserer heutigen Gesellschaft, sieht in allem, was ihr momentanes Einkommen auch nur um ein geringes erhöht, und in allem, was sie gegen die beständig drohenden Gefahren der Unsicherheit irgendwie schützt, ein greifbares Glück. Sie verstehen und begrüßen ein derartiges Gut und sind völlig bereit, für dieses Gut den entsprechenden Preis zu zahlen, nämlich sich zunehmend von ihren Zahlmeistern beherrschen und bevormunden zu lassen.

Es wäre ein leichtes, anstatt den Dingen auf den Grund zu gehen, nur die Oberflächlichkeiten zu berühren oder vorzuschlagen, gewisse Begriffe und Ausdrücke an Stelle der heute üblichen zu verwenden – und durch solche Methoden die primären Wahrheiten, die ich hier unterbreite, ins Lächerliche zu ziehen oder zu leugnen. Sie bleiben nichtsdestoweniger wahr.

Setzen wir anstatt des Begriffs »Arbeitnehmer« in einem unserer neuen Gesetze den Ausdruck »Sklave«, ja schwächen wir den Tatbestand auch nur so weit ab, indem wir an Stelle des Wortes »Arbeitgeber « den traditionellen Begriff »Herr« setzen – und die plumpen Worte würden eine allgemeine Empörung erzeugen. Führten wir plötzlich alle Bedingungen eines Sklavenstaates im modernen England ein, so würde ganz bestimmt eine Revolte losbrechen. Was ich aber betonen möchte, ist dies, daß, wenn einmal die Grundlagen der Sache vorhanden und die ersten großen Schritte getan sind, keine Revolte entsteht; im Gegenteil, die Armen sind beruhigt und zumeist noch dankbar. Nach den langen bitteren Erfahrungen, die sie mit einer Freiheit ohne Eigentum gemacht haben, erhalten sie, indem sie eine bloß rechtlich-formale Freiheit preisgeben, die handfeste, wirkliche Hoffnung, daß sie *genug haben* und diesen Zustand *nicht verlieren* werden.

Alle Kräfte aber arbeiten in dieser Schlußphase unserer schlimmen kapitalistischen Gesellschaft in England auf den Sklavenstaat hin. Der hochherzige Reformer lenkt in seine Bahnen ein, der kleinherzige sieht darin recht eigentlich einen Spiegel seines Ideals. Die Herde der »Praktiker« stößt bei jeder Stufe seiner Einrichtung auf die »praktischen« Schritte, die sie erwartet und gewünscht hat. Indes hat die Proletariermasse, für die das Experiment gewagt wird, die Tradition des Eigentums und der Freiheit, die dem Wandel widerstreben könnte, eingebüßt und ist aufgrund der Vorteile, die sie dadurch erhält, mit aller Kraft willens, sich in die neue Lage zu fügen.

Man könnte jedoch einwenden, daß, so richtig dies alles sein mag, doch niemand auf Grund solcher bloß theoretischer Erwägungen den Sklavenstaat als eine nahe bevorstehende Realität betrachten dürfe. Wir brauchen nicht – so wird man sagen – an das Nahen des Sklavenstaates zu glauben, solange wir nicht die ersten Folgewirkungen verspüren.

Darauf antworte ich, daß die ersten Folgewirkungen schon sichtbar sind. Der Sklavenstaat ist im heutigen industrialisierten England nicht mehr eine bloße Drohung, sondern etwas real Existierendes. Er ist im Aufbau begriffen. Der Grundriß ist entworfen, der Grundstein schon gelegt.

Um die Richtigkeit dessen einzusehen, will ich nunmehr Sklavenrecht und Sklavenrechtsentwürfe betrachten, von denen wir das eine schon genießen, während die letzteren nach Ablauf einer gewissen Zeit aus bloßen Entwürfen sich in positives Recht verwandeln werden.

Über Verstaatlichung und Entschädigung (Anhang)

Es besteht bei denen, welche die Kapitalistenklasse zugunsten des Staates enteignen wollen, dabei aber die Schwierigkeiten einer direkten Vermögensbeschlagnahme einsehen, der Eindruck, daß, wenn man diesen Prozeß nur über eine längere Reihe von Jahren verteilte und ihm gewissermaßen den äußeren Anschein eines Kaufgeschäfts gäbe, die Expropriation ohne die Folgen und die begleitenden Schwierigkeiten einer direkten Konfiskation stattfinden könnte. Mit anderen Worten, es besteht der Eindruck, daß der Staat die Kapitalistenklasse »auskaufen« könnte, ohne daß sie es merkt, und daß so auf schmerzlose Weise diese Klasse langsam zum Verschwinden gebracht werden könnte.

Diesen verschwommenen Eindruck haben fast all diejenigen, die mit dem Gedanken der Expropriation liebäugeln, aber er kann vor einer klaren Analyse nicht bestehen.

Durch kein Taschenspielerkunststück kann man die Gesamtheit der Produktionsmittel ohne Konfiskation sozialisieren.

Um dies zu beweisen, wollen wir einen konkreten Fall betrachten, der das Problem auf die einfachste Formel bringt:

Eine Gemeinde von 22 Familien lebe vom Ertrage zweier Landgüter, welche das Eigentum von nur zwei Familien von im ganzen 22 bilden.

Die übrigen 20 Familien seien Proletarier. Die zwei Familien aber mit ihren Pflügen, Warenvorräten, Grund und Boden usw. sind Kapitalisten. Die zwanzig Proletarierfamilien schaffen mit der von ihnen in Grund und Boden und in das Kapital der zwei

Kapitalistenfamilien gesteckten Arbeit 300 Scheffel Weizen. Davon bilden 200 Scheffel oder je 10 Scheffel den Jahresbedarf der zwanzig Proletarierfamilien, der Rest von 100 Scheffeln sind Mehrwert, den die zwei Kapitalistenfamilien als Rente, Zins und Gewinn behalten, so daß also jede von beiden ein Jahreseinkommen von 50 Scheffeln hat.

Nach Verlauf einer gewissen Zeit will der Staat eine andere Ordnung der Dinge einführen, und zwar soll der Mehrwert nicht mehr den zwei Kapitalistenfamilien gehören, sondern er soll zum Vorteil der ganzen Gemeinde verteilt werden, während er, der Staat selbst, uneingeschränkter Besitzer der beiden Landgüter werden soll.

Kapital wird bekanntlich gebildet zu dem Zwecke, um einen bestimmten Ertrag als Entgelt der Akkumulation abzuwerfen. Anstatt das Geld auszugeben, spart man, um als Resultat dieser Spartätigkeit ein bestimmtes jährliches Einkommen zu erhalten. In jeder konkreten Gesellschaft und jeweils in einer bestimmten Zeit sinkt dieses Einkommen aus Ersparnissen nicht unter ein gewisses Niveau. Mit anderen Worten: wenn jemand für seine kapitalbildende Tätigkeit nicht einen gewissen Mindestertrag erhält, dann wird er kein Kapital bilden, er wird nicht »akkumulieren«, sondern sein Geld ausgeben.

Das sogenannte nationalökonomische »Gesetz vom abnehmenden Ertrag« besagt, daß stetige Kapitalvermehrung unter sonst gleichen Umständen (d. h. bei gleichbleibenden Produktionsmethoden) keine entsprechend starke Einkommensvermehrung zur Folge hat. Eintausend Kapitaleinheiten, in eine bestimmte Fläche von Naturkräften gesteckt, werden etwa jährlich 40 Maßeinheiten oder 4 Prozent abwerfen, aber 2000 Einheiten, in der gleichen Weise angewendet, werden nicht 80 Einheiten ergeben. Sie werden zwar mehr als die tausend Kapitaleinheiten, aber nicht im Verhältnis mehr, nicht doppelt soviel abwerfen. Sie werden, sagen wir, etwa 60 Maßeinheiten oder 3 Prozent vom Kapital betragen. Dieses allgemeingültige Gesetz wirkt als automatische Hemmung der Kapitalbildung oder Kapitalvermehrung, sobald der Punkt erreicht ist, wo der verhältnismäßige Ertrag so klein ist, daß er dem Akkumulierenden gerade noch genügt, mit anderen Worten, sobald der Grenzertrag erreicht ist. Sinkt der Ertrag unter diesen Punkt, so wird der Betreffende sein Geld lieber ausgeben, statt zu akkumulieren. Die Grenze dieses Minimums in einer bestimmten Gesellschaft zu einer bestimmten Zeit ist der Maßstab für das, was wir »den wirksamen Akkumulationstrieb oder Kapitalbildungstrieb« nennen. Dieser liegt im heutigen England bei etwas über 3 Prozent. Das Minimum, das der Kapitalakkumulation die Grenze zieht oder bei dem die Kapitalvermehrung stockt, ist ein Mindestertrag von etwa 1/30 im Jahr von solchem Kapital, und diesen Betrag wollen wir der Kürze halber den »WAT« unserer Gesellschaft in der Gegenwart nennen.

Wenn daher der Kapitalist den vollen Wert seines Vermögens abschätzt, so rechnet er in Vielfachen des jährlichen Ertragswertes.[15] Das heißt, daß er bereit ist, als runde Pauschalsumme für sein Vermögen ein Vielfaches des Jahreseinkommens, das er im gegenwärtigen Zeitpunkte bezieht, gelten zu lassen. Wenn sein WAT ein Dreißigstel beträgt, so wird er als Pauschalwert das Dreißigfache seines Jahreseinkommens annehmen.

So weit ist alles in bester Ordnung. Nun wollen wir annehmen, die beiden Kapitalisten in unserem Beispiel hätten einen WAT von 1/30. Sie werden an den Staat verkaufen, wenn der Staat ihnen das Dreißigfache ihres Mehrwerts oder »Einkommens«, d. h. 3000 Scheffel Weizen auszahlen kann.

Selbstverständlich ist der Staat außerstande, auf dergleichen einzugehen. Da die Weizenakkumulation schon von den Kapitalisten vollzogen wird, und da diese Akkumulation oder der Jahreszuwachs viel weniger als 3000 Scheffel Weizen beträgt, so scheint das ganze Geschäft in eine Sackgasse zu führen.

15 Infolge einer Illusion, die schlaue Staatsmänner zum Vorteil der Allgemeinheit ausnutzen könnten, schätzt er auch die Naturkräfte, über die er verfügt (die keiner Akkumulation bedürfen, sondern immer vorhanden sind), nach Analogie seines Kapitals und wird sie mit einem Vielfachen ihres Jahresertrags in Ansatz bringen. Durch vorteilhafte Ausnutzung dieser Illusion vollziehen sich (z. B. in Irland) Bodenkäufe glücklicherweise zum Vorteil der Besitzlosen.

Diese Klemme aber wird vermieden, wenn der Kapitalist ein Dummkopf ist. Der Staat kann zu den Kapitalisten hingehen und sagen: »Überlasst mir eure Landgüter, und ich will euch meinerseits dafür einstehen, daß ihr dreißig Jahre lang jährlich über 100 Scheffel Weizen als Zahlung erhaltet. Ja ich will noch 50 so lange drauflegen, bis durch diese Zuschüsse oder Extrazahlungen der Wert eures ursprünglichen Vermögens amortisiert ist.«

Woher aber stammt dieser Mehrbetrag? Aus dem staatlichen Besteuerungsrecht.

Der Staat kann die Gewinne der beiden Kapitalisten A und B besteuern und ihnen den Bonus, die außerordentliche Zulage, mit ihrem eigenen Gelde bezahlen.

An einem so einfachen Beispiel läßt sich zeigen, daß diese Schiebung von den Opfern bald durchschaut werden würde; sie könnten sich mit genau denselben Kräften dagegen stemmen wie gegen das einfachere und ehrlichere Verfahren der unmittelbaren Konfiskation.

Aber es wird behauptet, daß man in einem komplizierten Staate, wo man es mit Zehntausenden von einzelnen Kapitalisten und tausend Sonderarten von Gewinn zu tun hat, das Verfahren verschleiern könne.

Es gibt zwei Wege, wie der Staat (gemäß dieser Politik) sein Vorgehen verschleiern kann. Er kann mittels der Steuergelder der Allgemeinheit zuerst einen kleinen Teil des Bodens und Kapitals sozialisieren, dann einen anderen und so fortfahren, bis er alles an sich gebracht hat; oder er kann einzelne Erwerbszweige mit besonders harten Steuerzuschlägen belasten, so daß die übrigen, die von dieser Steuer freibleiben, jene zugrunde richten können, und er kann mit der allgemeinen Steuer, vermehrt um die Sondersteuer, jene mißliebigen Gewerbe, die natürlich wegen der Sonderbelastung eine starke Werteinbuße erleiden müssen, sozialisieren.

Diesen zweiten Trick wird man in jeder noch so komplizierten Gesellschaft alsbald merken. Denn sobald das eine verhaßte Gewerbe dem staatlichen Zugriff verfallen ist, wird der

Versuch, ein anderes weniger mißliebiges nach der gleichen Methode zu behandeln, sofort Verdacht erregen.[16]

Die ersterwähnte Methode aber könnte, zumindest nach dem sie lange Zeit hindurch angewendet worden war, einen gewissen Erfolg zeigen, und zwar in einer sehr komplizierten und volkreichen Gesellschaft, wenn nicht eine gewisse Hemmung von selbst einträte. Diese Hemmung besteht darin, daß derjenige, der mehr als sein früheres Jahreseinkommen erhält, den Überschuß anderweitig wieder anlegen will.

Ich besitze eintausend Pfund Eisenbahnaktien einer bestimmten Bahn, die mir 3 Prozent gleich 30 Pfund im Jahre abwerfen. Der Staat fordert mich auf, mein Stück Papier gegen ein anderes Stück Papier einzutauschen und verspricht, mir 50 Pfund im Jahre zu zahlen, d. h. er verspricht mir einen jährlichen Zuschuß oder Bonus für so viel Jahre, bis der regelmäßig gezahlte Überzins den Ertragswert meiner Aktien erreicht hat. Das staatliche Stück Papier verspricht, wir wollen sagen, dem Inhaber jährlich 50 Pfund über 38 Jahren. Ich bin entzückt, das Geschäft zu machen, nicht weil ich so töricht bin, um mich an der Aussicht, nach 38 Jahren mein Eigentum zu verlieren, zu begeistern, sondern weil ich hoffe, den Überschuß von jährlich 20 Pfund anderswo unterbringen zu können, wo er mir 3 Prozent einbringen wird. So werde ich (oder meine Erben) nach Ablauf der 38 Jahre besser daran sein als bei Beginn des Geschäfts und werde bis zum Verfalltag meine früheren 30 Pfund im Jahre genau so wie bisher fortlaufend beziehen.

Der Staat kann also mittels der Steuergelder der Allgemeinheit in kleinem Maßstabe Verstaatlichungen vornehmen. Er kann daher mittels dieses Tricks auf beschränktem Gebiete und für kurze Zeit einen Erfolg erzielen. Aber in dem Augenblick, wo er über die sehr enge Grenze dieses Gebietes hinausgeht, versteift sich der »Anlagemarkt«, das Kapital schlägt auto-

16 So etwa kann man in einer halbpuritanischen Gesellschaft, wo das Braugewerbe vielfach als anrüchig gilt, das Braugewerbe stillegen, aber wenn man etwa das Eisenbahnkapital ebenso behandeln wollte, so ändert sich die Sachlage völlig.

matisch Lärm, und der Staat kann seine papiernen Garantien nur mit großen Preisopfern an den Mann bringen. Versucht er durch weitere, noch höhere Steuerzuschläge, die das Kapital für »konfiskatorische« Sätze erklärt, das Blatt zu seinen Gunsten zu wenden, so wird sein Vorgehen den Widerstand der gleichen Kräfte hervorrufen wie eine offene und ehrliche Enteignung.

Das Ganze ist eine bloße Rechenfrage, und so sehr auch der verwickelte Mechanismus des »Finanzwesens« Verwirrung stiftet, an den grundlegenden arithmetischen Gesetzen läßt sich sowenig etwas ändern, wie durch die Häufung von Dreiecken auf einer Generalstabskarte die Winkelsumme des größten Dreiecks weniger als 180° betragen kann.[17] Kurz: *Wenn man konfiszieren will, so muß man es auch tun.*

Man kann den Feind nicht hinters Licht führen, so wie Londoner Finanzleute und Schwindler auf der Rennbahn naive Leute hinters Licht führen; man kann eine allgemeine Expropriierung nicht durchführen auf Grund einer verschwommenen Hoffnung, daß schließlich auf diese oder jene Weise aus Nichts etwas Positives herauskommen wird.

Es gibt in der Tat nur zwei Wege, wie der Staat ohne Widerstand, den jeder Versuch der Konfiskation erregen würde, eine Vermögensbeschlagnahme vornehmen kann.

Aber von diesen beiden Wegen ist der eine fragwürdig, der andere unzulänglich.

Diese zwei Wege sind folgende:

1. Der Staat kann dem Kapitalisten ein größeres als sein gewöhnliches Jahreseinkommen versprechen in der Erwartung, daß er, der Staat, den Betrieb besser führen, bessere Erträge herauswirtschaften kann als der Kapitalist oder daß ein künftiger Aufschwung ihm zugute kommen wird. Mit anderen Worten: Wenn der Staat einen größeren Profit macht als der Kapitalist, so kann er dem Kapitalisten eine Entschädigung für die Sozia-

---

17 Bei diesem Vergleich möchte ich mich sofort gegen diejenigen verteidigen, die an elliptische und hyperbolische Universen glauben. Ich gestehe, daß ich ein altmodischer Parabolist bin. Ferner mache ich darauf aufmerksam, daß es sich bei dem fraglichen Dreieck um sphärische Dreiecke handelt.

lisierung leisten genau so, wie ein Privatmann in ähnlicher geschäftlicher Lage ihn entschädigen kann.

Aber die Kehrseite davon ist, daß, wenn der Staat sich verkalkuliert oder kein Glück hat, er den Kapitalisten der Zukunft ein *Geschenk* macht, anstatt sie allmählich zum Verschwinden zu bringen.

Auf diese Weise hätte der Staat ohne Konfiskation die englischen Eisenbahnen »vergesellschaften« können, wenn er sie vor fünfzig Jahren übernommen und den damaligen Besitzern mehr als ihr damaliges Einkommen versprochen hätte. Wenn er aber in den neunziger Jahren das Droschkenkutschergewerbe verstaatlicht hätte, so müßte er jetzt den ehrenwerten, aber aussterbenden Typ des Droschkenhalters in alle Ewigkeit (und auch noch seine Kinder) auf Kosten der Allgemeinheit aushalten.

Der zweite Weg, wie der Staat ohne Vermögensbeschlagnahme enteignen kann, besteht in der Zahlung von Annuitäten. Er kann zu den Kapitalisten, die keine Erben haben oder sich um deren Los nicht weiter kümmern, folgendermaßen sagen: »Du hast nur noch soundso lang zu leben und kannst deine 30 Pfund nur noch so lange genießen, willst du bis zu deinem Tode 50 Pfund haben?« Kommt das Geschäft zustande, so erwirbt der Staat mit der Zeit, obschon nicht sofort, beim Tode des Rentenberechtigten dessen Anteil an den Produktionsmitteln zu vollem, uneingeschränktem Eigentum. Aber der Anwendungsbereich dieser Methode ist sehr klein. Für sich allein ist dies ein unzulängliches Mittel zur Enteignung irgendeines größeren Erwerbszweiges.

Ich brauche kaum hinzuzufügen, daß in der aktuellen Wirklichkeit die sogenannten »sozialistischen « und konfiskatorischen Maßnahmen unserer Zeit mit dem hier erörterten Problem nichts zu tun haben. Der Staat konfisziert freilich, d. h. er besteuert in vielen Fällen so, daß er zwar den Steuerzahler ärmer macht und sein Kapital kleiner, ohne ihn jedoch seines Einkommens zu berauben. Aber die Erträge verwandeln sich nicht in Produktionsmittel. Er verwendet die Steuererträge entweder zum unmittelbaren Bedarf in der Form von neuen

Beamtengehältern, oder er verschleudert sie an eine andere Gruppe von Kapitalisten.[18]

Aber die praktischen Betrachtungen über die Art, wie vorgebliche sozialistische Experimente wirken, gehören in den nächsten Abschnitt, in welchem ich mich mit den wirklichen Anfängen des Sklavenstaates bei uns befassen will.

---

18 So z. B. verwandelt sich das Geld, das beim Tode eines nicht besonders reichen Gutsbesitzers einging und beispielhalber durch Lokomotiven in Argentinien verkörpert war, in zwei Meilen Holzplatten für die netten Hausgärten von eintausend neuen Beamten nach der Inebriates-Bill (Trinkerfürsorgegesetz), oder es wird einfach den Aktionären der Prudentials-Versicherungsgesellschaft auf Grund der Versicherungsakte ausgehändigt. Im ersteren Falle sind die Lokomotiven in Argentinien verblieben und nach einer langen Reihe von Tauschakten gegen eine große Masse Holzplatten aus den Ostseeländern eingetauscht worden; im zweiten Falle werden die Lokomotiven, die vorher den Besitz des Gutsbesitzers bildeten, beziehungsweise ihr Gegenwert, Produktionsmittel in den Händen der Familie Sassoon.

Neunter Abschnitt

Der Sklavenstaat ist bereits da

In dem letzten Teil meines Buches behandle ich das Sichtbarwerden des Sklavenstaates, wie er in bestimmten Gesetzen und Gesetzvorschlägen, die in der Wirtschaftsgesellschaft des modernen England allbekannt sind, zur Erscheinung kommt. »Gesetze und Gesetzvorschläge« sind mir als Gegenstände gegeben, die mir das Material für meine Beweisführung liefern und zeigen, daß meine Behauptungen nicht auf bloßer Deduktion, sondern auf Beobachtung von Tatsachen beruhen.

Ich habe zwei völlig eindeutige Beweismittel: erstens Gesetze und Gesetzvorschläge, die das *Proletariat* unter eine Sklavenverfassung stellen; sodann die Tatsache, daß der *Kapitalist*, weit entfernt, durch moderne »sozialistische« Experimente enteignet zu werden, vielmehr in seiner Machtstellung befestigt wird.

Ich gehe der Reihe nach vor und frage zunächst, in welchen Gesetzerlässen und Vorschlägen in England der Sklavenstaat am frühesten sichtbar wurde.

Es wäre falsch, zu glauben, daß die Ursprünge des Sklavenstaates in den Verboten gewisser gewerblicher Betriebsformen oder in den entsprechenden, dem Kapitalisten im Interesse seiner Arbeiter auferlegten Abgaben zu suchen seien. Man könnte sich für diesen oberflächlichen und irrigen Standpunkt auf die Fabrikgesetze, wie sie heute in England bestehen, berufen. Aber von ihnen dürfen wir nicht ausgehen; dieser Standpunkt *ist* oberflächlich und irrig, weil er die wesentlichen Grundlagen des Falles außer acht läßt. Was den Sklavenstaat charakteristisch auszeichnet, ist nicht die Einmischung des Gesetzes in das freie Handeln eines Bürgers, auch wenn es sich um rein wirtschaftliche Angelegenheiten handelt. Solche Einmischung kann, braucht aber nicht das Vorhandensein von Sklaventum zu bedeuten. Jedenfalls liegt noch keine Sklaverei vor, wenn das Gesetz eine bestimmte Art menschlicher Betätigung dem Bürger als Bürger auszuüben verbietet.

Der Gesetzgeber sagt z. B.: »Du kannst Rosen pflücken; aber da ich bemerkt habe, daß du dich manchmal stichst, so werde ich dich einsperren, wenn du sie nicht mit der Schere und mit mindestens 122 Millimeter langen Stielen abschneidest; und ich werde eintausend Inspektoren bestellen, die im ganzen Lande überprüfen sollen, ob das Gesetz beachtet wird. Mein Schwager soll mit einem Gehalt von 2000 Pfund im Jahr Chef dieser Abteilung sein.«

Wir alle kennen diese Art von Gesetzgebung. Wir alle kennen die Argumente für und wider im einzelnen konkreten Fälle. Wir betrachten ein solches Gesetz je nach unseren unterschiedlichen Temperamenten als lästig, überflüssig, nützlich oder sonst irgendwie. Aber es gehört nicht in die Kategorie »Sklavenrecht«, weil es keinen Unterschied zwischen zwei Klassen von Bürgern begründet, weil es keine Klasse durch das Kennzeichen der Handarbeit oder des Einkommens von der anderen gesetzlich oder rechtlich unterschieden abgrenzt.

Dies gilt sogar von solchen Vorschriften, welche z. B. für eine Baumwollspinnerei ein bestimmtes Mindestmaß an Kubikmeter Luftraum für den einzelnen Arbeiter oder die Anbringung gewisser Schutzvorrichtungen bei Maschinen bestimmen. Diese Gesetze haben weder ihrem Wesen, noch ihrem Umfang, noch selbst ihrer Geltung nach etwas mit einem Dienstbarkeitsvertrag zu tun. So z. B. ist der Zweck des Gesetzes, das die Anbringung von Schutzgittern für bestimmte Maschinenarten vorschreibt, einfach der Schutz des menschlichen Lebens, gleichgültig, ob das so geschützte menschliche Wesen reich oder arm, Kapitalist oder Proletarier ist. Diese Gesetze können in unserer Gesellschaft tatsächlich so wirken, daß der Kapitalist für den Proletarier verantwortlich gemacht wird, aber er ist verantwortlich nicht als Kapitalist, genau so wie der Proletarier nicht deshalb geschützt wird, weil er Proletarier ist. In der gleichen Weise kann mich das Gesetz zwingen, wenn ich ein Wasserrecht besitze, einen vorschriftsmäßigen Schutzdamm zu errichten, wenn mein Gewässer tiefer ist, als es gewissen bestehenden Vorschriften entspricht. Aber es kann mich nur dann dazu zwingen, wenn ich der Eigentümer des Grund und Bodens bin. In einem gewissen Sinne liegt darin die Anerkennung meines Status, denn nach der Eigenart des Falles können nur Grundeigentümer von dem Gesetz betroffen werden, und nur Grundeigentümer würden durch das Gesetz verpflichtet, das Leben aller, gleichgültig ob Grundeigentümer oder nicht, vor Schaden zu bewahren.

Aber das ergäbe eine rein zufällige kategoriale Einteilung.

Nach Zweck und Methode hat das Gesetz nichts mit einer Unterscheidung der Bürger zu tun.

Bei schärferem Hinsehen könnte man freilich in den Fabrikgesetzen bestimmte Punkte entdecken, Einzelheiten und Wortprägungen, die ausdrücklich auf das Vorhandensein einer kapitalistischen und einer proletarischen Klasse hindeuten. Aber wir müssen die Verordnungen als ein Ganzes nehmen und die Reihenfolge, in der sie entstanden sind, und vor allem das allgemeine Motiv und den genauen Wortlaut jeder Verordnung für sich, ehe wir darüber urteilen, ob solche Fälle staatlicher Einmischung uns zu dem Ursprung führen oder nicht.

Das Urteil wird dahin lauten, daß sie uns nicht dazu führen. Ein solches Gesetzgebungswerk mag bis zu gewissem Grade hemmend wirken oder bis zu gewissem Grade notwendig sein, aber es setzt nicht den »Status« (den »Stand«) an Stelle des »Contractus« (des »Vertrags«) und ist daher kein Gesetz für Sklaven.

Ebensowenig sind Sklavengesetze diejenigen Gesetze, welche, praktisch genommen, nur für die Armen, nicht aber für die Reichen gelten. Das Gesetz verlangt z. B. in der Theorie von jedem Bürger obligatorischen Unterricht für seine Kinder. Die bestimmte Geistesverfassung, die es mit der Plutokratie hält, läßt natürlich für alle, die einen bestimmten Vermögensmaßstab überschreiten, Ausnahmen von diesem Gesetz zu. Aber das Gesetz wendet sich an die Gesamtheit der Staatsbürger, und alle in Großbritannien (nicht in Irland) wohnenden Familien sind seinen Bestimmungen unterworfen. Hierin liegen also nicht die Ursprünge. Ein echter Ursprung einer sklavenmäßigen und »ständischen« Gesetzgebung kommt später. Das erste Beispiel von Sklavenrecht im Staatsgesetz entdeckt man an der Stelle, wo von der heutigen Art der *Haftpflicht des Arbeitgebers* die Rede ist.

Ich bin weit davon entfernt, zu behaupten, daß dieses Gesetz angenommen wurde, wie das jetzt manchmal bei modernen Gesetzen zu geschehen scheint, zu dem ausgesprochenen Zwecke, um einen neuen Status oder Stand zu begründen; immerhin hatte der Gesetzgeber ein gewisses Bewußtsein davon, daß ein solcher neuer Stand als eine gesellschaftliche Tatsache schon existiere. Der Beweggrund des Gesetzes war ein rein menschlicher, und die Hilfe, die er gewährte, schien seinerzeit eine reine Notwendigkeit zu sein; aber das Gesetz ist ein lehrreiches Beispiel dafür, wie ein kleines Hinwegsehen über den Geist des Gesetzes und eine geringfügige Duldung einer Unregelmäßigkeit zu großen Veränderungen im Staate führt.

Zu allen Zeiten und in allen Gemeinwesen gab es eine auf den gesunden Menschenverstand gegründete Rechtstheorie, wonach, wenn ein Bürger einem anderen gegenüber durch Vertrag so gestellt war, daß er in Erfüllung dieses Vertrages gewisse Dienste leisten mußte, und wenn diese Dienste zufällig eine dritte Partei schädigten, nicht der tatsächliche Schadenstifter verantwortlich ist, sondern derjenige, der die betreffende Verrichtung angeordnet hat.

Der Punkt ist heikel, aber, wie ich behaupte, grundlegend. Hier lag keine Unterscheidung des Status zwischen Arbeitgeber und Arbeitnehmer vor.

Bürger A hat dem Bürger B einen Sack Weizen versprochen, wenn Bürger B ein dem A gehöriges Stück Land pflügt, gleichgültig, ob dieses Land mehr als einen Sack Weizen hervorbringt oder nicht.

Natürlich hoffte Bürger A, daß sein Land mehr hervorbringen werde und erwartete einen Überschuß, sonst hätte er den Vertrag mit Bürger B nicht abgeschlossen. Aber auf alle Fälle hat der Bürger B seinen Namen unter die Abrede gesetzt, und als ein freier, vertragsfähiger Mann war er dementsprechend zur Erfüllung verpflichtet.

In Ausführung dieses Vertrages zerstört B beim Pflügen ein Rohr, das vereinbarungsgemäß Wasser über das Grundstück des A auf das Grundstück des C leitet. C erleidet Schaden, und zum Zwecke des Schadenersatz kann er nach Gerechtigkeit und gesundem Menschenverstand nur gegen A klagen, denn B führte nur einen Plan und eine Anordnung aus, deren Urheber A war. C ist eine dritte Partei, die mit einem solchen Vertrage nichts zu tun hatte, und kann sein Recht allenfalls nur erhalten, wenn er gegen A vorgeht, weil dieser der eigentliche Urheber des unbeabsichtigt zugefügten Schadens gewesen ist, da er den Arbeitsplan bestimmt hatte.

Hat aber C überhaupt keinen Schaden erlitten, sondern B, bei einer Arbeitsverrichtung, deren Risiken ihm bekannt sind und die er freiwillig übernommen hatte, so liegt der Fall ganz anders.

Bürger A kommt mit Bürger B dahin überein, daß B für einen Sack Weizen ein Stück Acker pflügen soll. Mit dieser Verrichtung sind bestimmte bekannte Risiken verbunden. Wenn Bürger B ein freier Mann ist, so übernimmt er diese Risiken mit offenen Augen. Er kann sich z. B. beim Wenden des Pfluges den Arm verrenken, oder ein Pferd kann ihn, während er sein Frühstücksbrot ißt, treten. Wenn bei einem solchen Unfall A verpflichtet ist, dem B Schadenersatz zu zahlen, so liegt darin die Anerkennung einer Verschiedenheit des Status oder eines Standesunterschiedes. B hatte eine Arbeitsleistung übernommen, die nach der Lehre vom freien Vertrag mit ihren Risiken und ihrem Kraftaufwand für B selbst der Gegenwert eines Sackes Weizen war. Dennoch bestimmt das Gesetz, daß B mehr als diesen Sack Weizen erhalten kann, wenn er verletzt worden ist.

Umgekehrt aber hat A gegen B kein solches Recht. Wenn der Unternehmer oder Arbeitgeber infolge eines solchen Unfalls des Arbeiters einen Schaden erleidet, so darf er gleichwohl den Sack Weizen nicht für sich behalten, obschon dieser Sack Weizen nach dem Vertrag als Gegenwert für eine bestimmte zu leistende Arbeit galt, die tatsächlich nicht geleistet worden ist. A kann gegen B nicht klagen, wenn dieser nicht *schuldhaft* fahrlässig oder pflichtvergessen gewesen ist. Mit anderen Worten: Die bloße Tatsache, daß der eine Mann *arbeitet,* der andere aber nicht, ist die grundlegende Erwägung, von der das Gesetz ausgeht, wobei das Gesetz sagt: »Du bist kein freier Mann, der einen freien Vertrag mit all seinen Folgen schließen kann. Du bist ein Arbeiter und daher der schwächere, niedriger stehende Teil; du bist ein *Arbeitnehmer,* und dieser Stand verleiht dir eine Sonderstellung, welche die andere Vertragspartei sonst nicht anerkennen würde.«

Dieses Prinzip erfährt noch eine Ausdehnung, wenn ein Unternehmer für einen Unfall, der einem seiner Angestellten durch einen anderen Angestellten zugefügt wird, haftbar gemacht wird.

A gibt B und D je einen Sack Weizen, wenn ihm diese einen Brunnen graben. Alle drei Vertragschließenden kennen die Risiken und nehmen sie in dem Vertrag auf sich. B läßt das Seil los, an dem D hängt. Gehörten die drei Personen zum gleichen Stand, so müßte offenbar D gegen B klagen. Aber im modernen England sind sie nicht standesgleich. B und D sind *Arbeitnehmer* und daher vor dem Gesetz in einer besonderen und niedrigeren Stellung als ihr Arbeitgeber A. Nach diesem neuen Grundsatz klagt D nicht mehr gegen B, der ihm zufällig durch eine persönliche Handlung, für die er als freier Mann verantwortlich wäre, wenn auch unwillentlich, Schaden zugefügt hat, sondern er klagt gegen A, der bei der ganzen Sache völlig unschuldig ist.

Aus all dem geht ganz klar hervor, daß A gewisse Sonderpflichten hat, nicht weil er Bürger, sondern weil er etwas mehr, weil er *Arbeitgeber* oder *Unternehmer* ist; B und D haben besondere Rechtsansprüche gegen A, nicht weil sie Bürger, sondern weil sie etwas weniger, nämlich weil sie *Arbeitnehmer* oder *Angestellte* sind. Sie haben Anspruch auf gesetzlichen

Schutz gegen A, als Tieferstehende gegen einen Höheren in einem Staat, der solche Unterschiede und Bevormundung zuläßt und anerkennt.

Der Leser wird sofort einwenden, daß in unserem bestehenden sozialen Staat der Arbeiter für solche Gesetze sehr dankbar sein wird. Ein Arbeiter kann sich am anderen Arbeiter nicht schadlos halten, einfach darum, weil der zweite Arbeiter kein Vermögen hat, aus dem er für den Schaden aufkommen kann. Darum soll die Last auf den Reichen abgewälzt werden.

Ausgezeichnet, aber darum handelt es sich nicht. Dieser Einwand besagt nur, daß Sklavenrecht notwendig ist, wenn wir die vom Kapitalismus gestellten Probleme lösen wollen. Es bleibt nichtsdestoweniger Sklavenrecht. Es ist ein Recht, das in einer Gesellschaft mit gleichmäßig verteiltem Eigentum, wo ein Bürger in aller Regel für den von ihm angestifteten Schaden Ersatz leisten könnte, nicht bestehen würde.[19]

Nun ist zwar dieser erste Tropfen eines ganzen Stromes geschichtlich recht interessant als Ausgangspunkt, ist aber nicht eigentlich das bestimmende Moment für unseren Gegenstand gegenüber der Fülle von späteren Gesetzesvorschlägen, von denen einige schon Gesetze geworden sind, andere im Begriffe sind, es zu werden, und die endgültig den Sklavenstaat anerkennen, nämlich die Wiederherstellung des Status an Stelle des Contractus und die allgemeine Scheidung der Bürger in zwei Kategorien: Unternehmer und Arbeiter.

Diese letzterwähnten Gesetzesbestimmungen verdienen eine ganz andere Behandlung, denn sie bedeuten geschicht-

19 Wie sehr die Idee des Standes oder Status diesen Gesetzen zugrunde liegt, läßt sich an Analogien leicht anschaulich machen, wenn es sich nämlich das eine Mal um Arbeiter, das andere Mal um freie Berufe handelt. Wenn ich mit einem Verleger einen Vertrag schließe, eine vollständige Geschichte einer bestimmten Grafschaft zu schreiben, und ich falle in Ausführung dieser Aufgabe bei Besichtigung einer bestimmten, historisch interessanten Örtlichkeit in eine Grube, so kann ich gegen den Verleger nicht auf Schadenersatz klagen. Wenn ich aber einen Arbeiteranzug anlege und der gleiche Verleger stellt mich, ohne mich zu erkennen, einen Monat lang an, damit ich ihm seinen Zierteich reinige, und es beißt mich bei dieser Gelegenheit ein Raubfisch, so wird er zu meinen Gunsten blechen müssen, und zwar glatt.

lich die bewußte und planmäßige Einführung sklavenmäßiger Einrichtungen in den alten christlichen Staat. Es handelt sich hierbei nicht um »Anfänge«, unbedeutende Symptome einer kommenden Veränderung, die der Geschichtsschreiber mühselig als eine Sonderbarkeit verzeichnen wird. Sondern sie sind vielmehr die anerkannten Grundlagen einer neuen Ordnung, bewußt geplant von den wenigen, dunkel anerkannt von den vielen als Unterbau, auf dem sich eine neue, stabile Gesellschaft erheben soll, welche die labile und vorübergehende Phase des Kapitalismus abzulösen bestimmt ist.

Sie zerfallen, grob gesagt, in drei Kategorien:

1. Maßnahmen, welche das Proletariat von der Unsicherheit befreien sollen, mittels Handlungen der Unternehmerklasse oder mittels des unter rechtlichem Zwang handelnden Proletariats selbst.

2. Maßnahmen, durch die der Unternehmer verpflichtet werden soll, für jedwede Arbeit, die er kauft, einen bestimmten Mindestlohn zu zahlen, und

3. Maßnahmen, die einen produktionsmittellosen Mann zur Übernahme einer Arbeit zwingen, obwohl er keinen diesbezüglichen Vertrag eingegangen ist.

Die beiden letzterwähnten Maßregeln bilden, wie man sofort sehen wird, eine sich wechselseitig ergänzende Einheit.

Zum ersten Punkt: Maßnahmen, um die Unsicherheit des Proletariats zu lindern.

Das heute geltende Recht liefert uns dafür ein Beispiel. Die soziale Versicherungsgesetzgebung (deren politischen Ursprung und Motive ich hier nicht erörtere) folgt bis in alle Einzelheiten den Grundzügen eines Sklavenstaates.

a) Ihr grundlegender Beurteilungsmaßstab ist die Stellung als Lohnarbeiter. Mit anderen Worten: Ich bin gezwungen, mich nach einem Versicherungsschema behandeln zu lassen, das mich vor den wirtschaftlichen Folgen von Krankheit und Arbeitslosigkeit schützt, nicht weil ich ein Bürger bin, sondern nur, wenn ich:

1. für Güter Dienstleistungen in Tausch gebe; und entweder

2. weniger als eine bestimmte Menge Güter für diese Dienstleistungen erhalte oder

3. ein gewöhnlicher Handarbeiter bin.

Die gesetzliche Fürsorge gilt ausdrücklich nicht für die Arbeitsarten, denen sich die gebildeten und darum einflußreichen Klassen widmen, und der Zwang gilt nicht für die Masse derjenigen, die im Augenblick so viel verdienen, daß sie eine Klasse, die man als wirtschaftlich frei gelten lassen kann, bilden. Ich etwa bin ein Schriftsteller und würde im Krankheitsfalle meine Familie, die ich ernähre, ins größte Elend stürzen. Wenn sich der Gesetzgeber um die moralischen Angelegenheiten der Bürger kümmerte, so würde ich ganz zweifellos unter dieses Gesetz fallen, in der Form einer Zwangsversicherung als Ergänzung meiner Einkommensteuer. Aber der Gesetzgeber kümmert sich nicht um Leute meines Schlages. Er hat es mit einem neuen Stand, den er im Staat anerkennt, zu tun, nämlich: mit dem Proletariat. Er betrachtet das Proletariat nicht ganz genau und nicht ganz richtig als Menschen, die entweder arm oder wenn nicht geradezu arm, so doch jedenfalls gewöhnliche Leute sind, die mit ihren Händen arbeiten, und gibt dementsprechend seine Gesetze.

Ein noch besseres Beispiel dafür, daß der Status an Stelle des Contractus tritt, haben wir darin zu sehen, daß dieses Gesetz mit der Kontrolle des Proletariats und mit der Aufsicht über die Einhaltung des Gesetzes nicht das Proletariat selbst, sondern die *Kapitalistenklasse* betraut hat.

Dieser Punkt nun ist von einer Wichtigkeit, die gar nicht genug betont werden kann.

So interessant auch die ersten Symptome jener tiefgehenden Umwälzung, durch die wir mit Riesenschritten hindurchschreiten, sein mögen, der Geschichtsschreiber der Zukunft wird sicherlich bei diesem einen Punkte als der eigentlichen Grenzscheide zweier Zeitalter verweilen. Der Gesetzgeber, der den kapitalistischen Staat überwacht, beantragt als Heilmittel für gewisse Mißstände die Einrichtung von zwei Kategorien im Staate, zwingt den Niedrigstehenden, sich registrieren zu lassen, eine Steuer zu zahlen usw., und zwingt ferner den Höherstehenden, sich dazu herzugeben, daß diese Registrierung wirklich erfolgt und die Steuer erhoben wird. Wer die Art und Weise kennt, wie sich in der Vergangenheit irgendeine große Wandlung vollzogen hat, z. B. die Ersetzung des römischen Grundeigentumsrechts durch die Landpacht oder die Verwandlung des Sklaven des frühen Mittelalters in den mittelalterlichen Bauern, der wird unmöglich die Bedeutung eines solchen Wendepunktes unserer Geschichte verkennen.

Ob man damit bis zum Ende gelangen oder ob eine Reaktion dagegen eintreten wird, ist eine andere Frage. Der Vorschlag als solcher ist für die hier angestellte Untersuchung von schlechthin ausschlaggebender Bedeutung.

Was die beiden nächsten Gruppen betrifft: die Festsetzung eines Mindestlohnes und die Arbeitspflicht oder den Arbeitszwang (die, wie gesagt und wie noch kurz zu zeigen sein wird, einander gegenseitig bedingen), so sind diese noch nicht geltendes, wirksames Recht geworden. Aber beide sind planmäßig vorbereitet und durchdacht, beide haben mächtige Befürworter, und beide stehen an der Schwelle des positiven Rechts.

Ein Mindestlohn mit staatsgesetzlich festgelegter Summe ist in unseren Gesetzen heute[20] noch nicht bestimmt, aber der erste Schritt zu diesem Zustand ist schon getan, indem einem gewissen bedingungsweisen Minimallohn, auf den man sich nach Lohnstreitigkeiten in einem einzelnen Gewerbe einigt, gesetzliche Geltung verliehen wird. Dieses Gewerbe ist, wie sich von selbst versteht, der Bergbau. Das Gesetz sagt nicht: »Kein Kapitalist darf einem Grubenarbeiter weniger als soundso viel Schillinge für soundso viele Arbeitsstunden zahlen.« Aber das Gesetz sagt: »Da sich die Ortsausschüsse auf gewisse Zahlen geeinigt haben, so kann jeder Grubenarbeiter innerhalb des Arbeitsbereiches eines jeden Ausschusses den von diesen Ämtern festgesetzten Mindestlohn kraft Gesetzes beanspru-

20 September 1912.

chen.« Es ist ohne weiteres klar, daß der Übergang von diesem Schritt zum nächsten, d. h. zur Einführung einer gleitenden Arbeitslohnskala, die sich nach den Preisen und dem Kapitalgewinn richtet, ein leichter und natürlicher ist. Damit würden beide Parteien das erhalten, was jede unmittelbar braucht; das Kapital die Gewähr vor Störungen, die Arbeit Auskömmlichkeit und Sicherheit. Das Ganze ist in verkleinertem Maßstab ein ausgezeichneter Abriß jener allgemeinen Bewegung vom freien Vertrag zum Status und vom kapitalistischen zum Sklavenstaate, wohin der Zug der Zeit geht.

Das Hinwegschreiten über frühere Grundsätze, die als abstrakt und doktrinär gelten, das unmittelbare Bedürfnis beider Parteien und seine unmittelbare Befriedigung, die unvorhergesehene, aber notwendige Folge, diese Bedürfnisse auf solche Art zu befriedigen, alle diese Kräfte, die zuerst bei der Regelung der Verhältnisse im Bergbaugewerbe sichtbar in Erscheinung traten, sind typische Kräfte, die den Sklavenstaat schaffen.

Betrachten wir einmal vom weitesten Gesichtspunkt aus das Wesen einer solchen Regelung.

Der Proletarier übernimmt eine Stellung, in der er für den Kapitalisten eine gewisse Gesamtmenge an wirtschaftlichen Werten erzeugt und erhält von dieser Summe nur einen Teilbetrag, während er den ganzen Mehrwert dem Kapitalisten überläßt. Der Kapitalist seinerseits kann mit Sicherheit darauf rechnen, daß er diesen Mehrwert trotz aller Gefahren des sozialen Neides dauernd erhält; der Proletarier erhält die Gewähr für auskömmlichen Lebensunterhalt und die Sicherstellung dieses auskömmlichen Lebensunterhalts, aber dieser gegenseitige Schutzvertrag bringt es mit sich, daß ihm die Möglichkeit genommen ist, seine Arbeit zu verweigern und auch danach zu streben, sich selbst in den Besitz der Produktionsmittel zu setzen.

Solche Regelungen scheiden die Bürger endgültig in zwei Klassen: Kapitalisten und Proletarier. Sie machen es letzteren unmöglich, die privilegierte Stellung der ersteren Klasse zu bekämpfen. Sie bedeuten die Anerkennung sozialer Tatsachen durch das positive Recht des Staates, wodurch die Engländer schon in zwei Gruppen: die wirtschaftlich mehr Freien und die wirtschaftlich weniger Freien, geschieden werden, und drücken einer neuen Gesellschaftsverfassung den Stempel der staatlichen Autorität auf. Es wird damit anerkannt, daß die Gesellschaft nicht mehr aus Freien besteht, die frei über ihre Arbeit oder ein sonstiges in ihrem Besitz befindliches Gut verhandeln, sondern daß sie aus zwei einander gegensätzlichen Ständen, aus Besitzenden und Nichtbesitzenden, besteht. Die ersteren dürfen die letzteren nicht ohne ausreichende Nahrung lassen; die letzteren dürfen sich nicht an den Produktionsmitteln vergreifen, die das Privileg der ersteren bilden. Es ist richtig, daß dieses erste Experiment dem Umfang nach klein und der Art nach ein Tastversuch ist, aber wenn wir diese Bewegung in ihrer Allgemeinheit und Ganzheit beurteilen wollen, so müssen wir nicht bloß den Ausdruck, den sie bisher tatsächlich im positiven Recht gefunden hat, in Betracht ziehen, sondern die ganze Stimmung unserer Zeit.

Als dieser erste Versuch, einen Mindestlohn einzuführen, im Parlament beraten wurde, was war da, so fragen wir, das Ergebnis der Debatte? Worauf legten die eifrigsten Befürworter der Reform den besonderen Nachdruck? Nicht darauf, daß die Bergarbeiter freie Bahn erhielten, um sich selbst in den Besitz der Gruben zu setzen, auch nicht darauf, daß der Staat freie Bahn zur Besitzergreifung der Bergwerke erhalte, sondern darauf, *daß der Mindestlohn auf einem gewissen befriedigenden Niveau festgesetzt werde!* Dies war, wie uns die neueren Erfahrungen alle belehren, der eigentliche Kernpunkt und die Hauptschwierigkeit der Streitfrage. Und daß dieser Punkt die Hauptschwierigkeit bildete, nicht aber die Verstaatlichung der Bergwerke oder die Zulassung des Proletariats zu den Produktionsmitteln, sondern nur ein auskömmlicher und sicherer Lohn, dies ist höchst bezeichnend für die vielleicht unaufhaltsamen Kräfte, die in der von mir hier angedeuteten Richtung wirken.

Die Kapitalisten versuchten gar nicht, sklavenmäßige Bedingungen aufzuzwingen, noch versuchten die Proletarier, sich solchen Bedingungen zu widersetzen. Beide Parteien waren über diesen grundlegenden Wandel einig. Die Diskussion drehte sich darum, welches Mindestmaß an Subsistenzmitteln sicher bereitgestellt werden müßte, einen Punkt also, der, weil man es für selbstverständlich hielt, die Festsetzung eines Minimums *überhaupt* in jedem Falle ganz beiseite ließ.

Man beachte wohl (denn dies ist wichtig für einen späteren Teil meiner Beweisführung), daß derartige Experimente von Mal zu Mal, sozusagen stückweise vorgenommen zu werden pflegen. Nach den Handlungen und Reden der Menschen zu urteilen, ist die Wahrscheinlichkeit, daß ein allgemeiner großer Plan zur Festsetzung eines Mindestlohnes für das ganze Land angenommen würde, gering. Ein rasches planmäßiges Vorgehen würde natürlich ebenso den Sklavenstaat schaffen wie ein stückweises Vorgehen von Fall zu Fall. Aber, wie wir sofort sehen werden, hat die Anwendung des Grundsatzes von Mal zu Mal eine beträchtliche Folgewirkung auf die Formen, die der Zwang annimmt.

Die Weigerung der Bergarbeiter, zu arbeiten, und die dadurch bewirkte übertriebene Panik erzeugte diesen ersten zaghaften Versuch gesetzlicher Festlegung von Mindestlöhnen. Normalerweise zieht das Kapital freie Arbeit, die immer an der Grenze der Verelendung steht, vor; denn eine Solche Anarchie, obschon ihrem Wesen nach eine Eintagserscheinung, verschafft doch, solange sie dauert, billige Arbeit. Vom engsten Interessenstandpunkt aus gewährt sie den Bereichen des Kapitalismus, wo noch freie Konkurrenz herrscht, eine bessere Gewinnaussicht.

In dem Maße aber, wie eine Gruppe von Arbeitern nach der anderen in den unmittelbar lebenswichtigen Gewerben der Nation, die darum auch keine lange Unterbrechung vertragen, die Macht, die ihnen das Verbandwesen gibt, kennenlernen, ist es unvermeidlich, daß der Gesetzgeber (der meistens darauf aus ist, für entstehende Schwierigkeiten ein Augenblicksheilmittel zu finden), für ein solches Gewerbe nach dem anderen das Heilmittel des Mindestlohnes vorschlägt. Man kann nicht daran zweifeln, daß sich der Grundsatz von Gewerbe zu Gewerbe verbreiten wird. Die zweieinhalb Millionen Arbeiter z. B., die jetzt gegen Arbeitslosigkeit geschützt sind, sind durch Zahlung eines bestimmten Wochenbeitrags dagegen geschützt. Dieser Wochenbeitrag muß zu der Lohnsumme, die sie schätzungsweise verdienen, wenn sie Arbeit haben, in einem gewissen Verhältnis stehen.

Es ist nur ein kurzer Schritt von der Berechnung der Arbeitslosenrente (deren Höhe durch Gesetz festgesetzt ist, wobei diese Höhe irgendwie bestimmt wird durch das, was als der gerechte Preis der Arbeit in diesem Gewerbe gilt), es ist, sage ich, von hier nur ein kurzer Schritt zu der gesetzlichen Festlegung der Sätze, die während der Arbeitsperiode zu zahlen sind.

Der Staat sagt zu dem Sklaven: »Ich habe dafür gesorgt, daß du einen bestimmten Betrag erhältst, wenn du arbeitslos bist. Ich habe bemerkt, daß in einigen seltenen Fällen diese Regelung dazu führt, daß du mehr bekommst, wenn du nicht arbeitest, als wenn du arbeitest. Ich finde ferner, daß in vielen Fällen du zwar mehr erhältst, wenn du arbeitest, aber der Mehrverdienst ist nicht groß genug, um einen faulen Menschen zur Arbeit zu reizen oder daß er sich besondere Mühe gebe, Arbeit zu bekommen. Ich muß auch das in Betracht ziehen.«

So gelangt man durch Einführung eines starren Rentenschemas bei Arbeitslosigkeit dazu, die Einführung eines Mindestlohnes, der für die Zeit gilt, wo der Arbeiter Beschäftigung hat, zuerst zu prüfen, dann zu bestimmen und schließlich zu verordnen. Jede Zwangsversicherung der Arbeitslosen ist so die Keimzelle eines Mindestlohnes.

Noch verhängnisvoller ist, daß der Staat als solcher in dieser Angelegenheit regulierend eingreift. Der Umstand, daß der Staat lohnstatistische Erhebungen in diesen großen Wirtschaftsbereichen zu veranstalten begonnen hat, und zwar nicht aus statistischer Neugier, sondern um eines praktischen Zweckes willen, der weitere Umstand, daß der Staat begonnen hat, auf dem Wege des positiven Rechts und Zwangs das frühere System des freien Verhandelns lahmzulegen und zu durchbrechen, bedeutet, daß er sich jetzt mit dem ganzen Gewicht seines Einflusses für die Regulierung einsetzt. Es ist keine voreilige Prophezeiung, wenn man behauptet, daß in naher Zukunft in unserer erwerbstätigen Gesellschaft für einen allmählich immer größeren Bereich und in steigendem Maße die Lohnfixierung von zwei Seiten her durch Gesetz erfolgen wird. Auf der einen Seite wird sie in der Weise erfolgen, daß der Staat die Arbeitsverhältnisse daraufhin prüft, ob sie mit seinen eigenen Ansichten und Vorschriften über die Herstellung einer auskömmlichen Lebenshaltung und Sicherheit durch Versicherungsgesetzgebung übereinstimmen. Auf der anderen Seite wird sie so erfolgen, daß maßvolle Vorschläge gemacht werden, Kollektivverträge zwischen Arbeit und Kapital, die vor Gericht eingeklagt werden können, also Zwangscharakter haben, abzuschließen.

Soviel also über das Prinzip des Mindestlohnes. Er ist schon ein Bestandteil des englischen Rechts; er wird sich zweifellos noch weiter durchsetzen. Aber inwiefern bedeutet die Einführung eines Minimums einen Fortschritt zum Sklavenstaat?

Ich habe gesagt, daß das Prinzip des Mindestlohnes als Kehrseite das Prinzip des Arbeitszwanges oder der Arbeitspflicht fordert. In der Tat liegt die hauptsächliche Bedeutung des Prinzips eines Minimallohnes für unsere Untersuchung in dieser notwendigen Kehrseite, nämlich im Arbeitszwang oder in der Arbeitspflicht, die damit gefordert wird.

Da aber der Zusammenhang zwischen diesen beiden Dingen auf den ersten Blick nicht evident sein dürfte, so müssen wir mehr tun, als die bloße Behauptung aufstellen. Wir müssen sie durch ein logisches Verfahren begründen. Auf zweierlei verschiedene Weisen erzeugt die ganze Politik, durch das Gesetz für das Proletariat Sicherheit und Auskömmlichkeit zu erzwingen, eine entsprechende Politik des Zwanges zur Arbeit.

Die erste Form liegt in dem Zwang, den die Gerichte auf die beiden in Betracht kommenden Parteien ausüben werden, die den Mindestlohn gewähren beziehungsweise empfangen. Die zweite Form ergibt sich aus der Notwendigkeit, der sich die Gesellschaft, wenn einmal das Prinzip des Mindestlohnes samt dem Prinzip der Auskömmlichkeit und Sicherheit zugestanden ist, gegenübergestellt sieht: für diejenigen zu sorgen, die infolge des Mindestlohnes außerhalb des Bereiches normaler Beschäftigung fallen, d. h. keine regelmäßige Arbeitsgelegenheit finden.

Was die erste Form betrifft, so wäre folgendes zu sagen: Eine Gruppe von Proletariern ist etwa durch kollektives Verhandeln mit einer Gruppe von Kapitalisten dahin übereingekommen, daß sie für dieses Kapital zehn Werteinheiten im Jahre produzieren werde; sie will sich begnügen, sechs Werteinheiten davon für sich zu erhalten, und überläßt vier Einheiten als Mehrwert oder Überschuß den Kapitalisten. Der Vertrag ist rechtsverbindlich, die Gerichte können ihm Zwangscharakter verleihen. Wenn nun die Kapitalisten durch einen Trick mit Strafgeldern oder durch plumpen Wortbruch an Löhnen weniger als sechs Einheiten zahlen, so müssen die Gerichte sie zur Zahlung zwingen können. Mit anderen Worten: es muß gewisse Strafmittel geben, um das Gesetz wirksam zu machen. Es muß eine gewisse Strafgewalt und durch die Strafe Erzwingbarkeit vorhanden sein. Umgekehrt, wenn die Leute, die sich auf diesen Vertrag eingelassen haben, wortbrüchig werden, wenn etwa einzelne oder Teilgruppen die Arbeit einstellen und plötzlich statt sechs Einheiten sieben verlangen, da muß das Gericht imstande sein, sie zu zwingen und zu bestrafen. Wo der Vertrag nur für ganz kurze Zeit geschlossen ist oder allenfalls nur für mäßig lange Termine befristet ist, wäre es vielleicht eine Übertreibung, wenn man behaupten wollte, daß in jedem einzigen gegen die Arbeiter geübten Zwange ein Fall von Zwangswirtschaft vorliege. Aber man stelle sich vor, daß dieses System für eine lange Reihe von Jahren gelte, daß es die Regel in der Industrie sei, und daß sich die Menschen im Alltagsleben gewöhnen, darin einen Weg zu sehen, wonach sie ihr Leben einrichten, – so verwandelt sich diese Methode notwendig in ein System der Zwangsarbeit. In Gewerben, wo die Löhne wenig schwanken, wird dies offenkundig der Fall sein. »Ihr, die Landarbeiter dieses Bezirkes, habt 15 Schillinge die Woche für eine sehr lange Zeit bekommen. Das hat sich ausgezeichnet bewährt. Es ist nicht einzusehen, warum ihr mehr haben solltet. Ja, ihr habt euch, vertreten durch eure Beamten, im Jahr soundso viel durch Handschlag verpflichtet, daß ihr diesen Betrag als angemessen betrachtet. Irgendwelche eurer Mitglieder weigern sich jetzt, zu erfüllen, was vor diesem Gericht als ein Vertrag gilt. Sie müssen sich den Bestimmungen dieses Vertrages fügen oder haben die Folgen zu tragen.«

Man bedenke, wie groß die Macht von Analogien für die Vorstellungswelt der Menschen ist und wie derartige Systeme, einmal in vielen Erwerbszweigen eingebürgert, einen allgemeinen Gesichtspunkt für alle Erwerbszweige schaffen werden. Man bedenke weiter, daß eine relativ wie schwache Drohung schon genügt, um die Menschen unserer erwerbstätigen Gesellschaft gefügig zu machen; denn die breite Masse der Proletarier lebt ja gewohnheitsmäßig von Woche zu Woche unter der Gefahr, die Arbeitsstelle zu verlieren, und ihre Gefügsamkeit gegenüber einer drohenden Herabsetzung der Löhne, bei denen sie gerade noch sich am Leben erhalten können, ist größer geworden.

Aber das Gericht, das solche Verträge oder Scheinverträge (als welche sie sich alsbald herausstellen) erzwingt, ist nicht das einzige Anreizmittel.

Ein Arbeiter ist etwa durch Gesetz gezwungen worden, gewisse Beträge als Versicherungsprämien gegen Arbeitslosigkeit aus seiner Lohnsumme beiseitezulegen. Aber er hat nicht mehr mitzusprechen, wie diese Beträge verwendet werden. Sie befinden sich nicht in seinem Besitze, sie befinden sich nicht einmal in den Händen einer Gesellschaft, die er wirklich kontrollieren kann. Sie befinden sich in der Hand eines staatlichen Beamten. »Hier wird dir Arbeit zu 25 Schilling die Woche angeboten. Wenn du die Arbeit nicht übernimmst, so hast du kein Recht auf das Geld, das du beiseitezulegen gezwungen wurdest. Nimmst du die Stelle an, so wird dir der Betrag weiter gutgeschrieben, und wenn nächstens deine Arbeitslosigkeit nach meinem Ermessen nicht durch deinen Eigensinn und Arbeitsscheu verschuldet ist, so werde ich dir gestatten, über einen Teil deines Geldes zu verfügen, sonst aber nicht.« Eng verklammert mit diesem Zwangsapparat ist die ganze Fülle von Registrierung und Etikettierung, die sich seit der Benutzung der Arbeitsbörsen immer mehr häuft. Der Beamte wird nicht nur die Macht haben, Sonderverträge zu erzwingen, und die Macht, einzelne Leute mit der Drohung von Bußen zur Arbeit zu zwingen, sondern er wird auch ein Bündel von Listen haben, aus denen man die Führung jedes einzelnen Arbeiters genau ersehen wird. Niemand, der einmal so registriert und bekannt ist, kann entschlüpfen, und dem Wesen des Systems entsprechend muß die Zahl der in dem Netze Gefangenen immer größer werden, bis schließlich die ganze Masse der Arbeit erfaßt und kontrolliert ist.

Dies sind in der Tat sehr starke Werkzeuge des Zwanges. Sie bestehen schon. Sie sind schon ein Bestandteil unseres Rechtes.

Schließlich gibt es noch den offenkundigen Knüttel, »Zwangsschlichtung« genannt; ein so offenkundiger Schwindel, daß selbst unser Proletariat sich dagegen auflehnt. In der Tat, ich kenne keinen zivilisierten europäischen Staat, der einer so groben Täuschung unterlegen wäre. Denn es ist das offene Zugeständnis des Sklaventums in einem einzigen Schritt ohne alle Umschweife, wie die Menschen unserer Kultur es noch nicht verdauen können.[21]

Soviel also über das erste Argument und die erste Form, wie der Arbeitszwang sich als eine unmittelbare und notwendige Folge der Einführung des Mindestlohnes und der Schematisierung der Arbeitsgelegenheiten zeigt.

Die zweite Form ist ebenfalls klar. Bei der Weizenproduktion wird der gesunde und geschickte Arbeiter, der zehn Werteinheiten Weizen produzieren kann, gezwungen, für sechs Einheiten zu arbeiten, und der Kapitalist muß sich mit vier Einheiten als seinem Anteil begnügen. Das Gesetz straft ihn, wenn er mehr

21 Aber der betreffende Gesetzentwurf wurde zweimal ordnungsgemäß im Parlament eingebracht.

als seinen gesetzlichen Pflichtanteil zu erlangen sucht und seinen Arbeitern weniger als sechs Einheiten Weizen im Jahre zahlen will. Was aber geschieht mit dem Arbeiter, der nicht kräftig oder geschickt genug ist, um auch nur sechs Einheiten zu produzieren? Wird der Kapitalist gezwungen, diesem mehr als den Wert dessen, was er produzieren kann, zu zahlen? Ganz bestimmt nicht. Das ganze Gefüge der Produktion, wie es sich während der kapitalistischen Phase unserer Wirtschaft gestaltet hat, ist durch die neuen Gesetze und Gebräuche unberührt geblieben. Immer noch gilt der Gewinn als eine Lebensnotwendigkeit. Würde der Kapitalgewinn zerstört oder noch mehr: würde von Gesetzes wegen ein Verlust aufgenötigt, so wäre das ein Widerspruch zu dem ganzen Geiste, in welchem alle diese Reformen unternommen werden. Diese Reformen sind unternommen worden in der Absicht, Stabilität zu begründen, wo jetzt Labilität herrscht, und um – wie die ironische Phrase heißt – »die Interessen des Kapitals und der Arbeit zu versöhnen«. Es wäre ohne einen allgemeinen Zusammenbruch unmöglich, das Kapital zu zwingen, an dem Mann, der nicht einmal den Mindestlohn herausschlagen kann, einen Verlust zu erleiden. Wie kann man dieses Unsicherheits- und Unstetigkeitselement ausmerzen? Einen Arbeiter unentgeltlich zu ernähren, weil er nicht imstande ist, den Mindestlohn zu verdienen, während alle übrigen Arbeiter im Staate für garantierte Löhne arbeiten, hieße eine Prämie auf Unfähigkeit und Faulheit aussetzen. Der Arbeiter muß arbeiten lernen. Man muß ihn womöglich lehren, diejenigen wirtschaftlichen Werte zu schaffen, die als das Mindestmaß für ein auskömmliches Leben gelten. Er muß eben weiterarbeiten, auch wenn er nicht das Mindestmaß leisten kann, damit er nicht als freier Arbeiter das ganze Schema des Mindestlohnes über den Haufen wirft und ein dauerndes Element der Unstetigkeit hineinbringt. Daher unterliegt er notwendig der Zwangsarbeit. Wir haben in England bisher noch nicht ein Recht auf diese Art Zwang begründet, aber dies ist eine unvermeidliche Folge der anderen Reformen, die wir soeben an uns haben vorbeiziehen lassen. Das »Arbeitslager« (ein Gefängnis, das so genannt wird, weil bei jedem Übergang Euphemismen notwendig sind) wird entstehen, um diesen Überschuß aufzusaugen, und diese letzte Form des Zwanges wird die Krönung des Gebäudes dieser Reformen sein. Diese Reformen werden dann, soweit es sich um die zwangsunterworfenen Klassen handelt, abgeschlossen sein, und gerade weil diese besondere Einrichtung des »Arbeitslagers« (logisch die letzte) zeitlich den anderen Zwangsformen vorangeht, werden sich diese anderen Formen des Zwanges um so sicherer, leichter und rascher einbürgern können.

Es erübrigt sich nur noch eine letzte Bemerkung über die konkrete Seite meines Themas. Ich habe in diesem letzten Abschnitt die Tendenz zum Sklavenstaat an dem geltenden Recht und an einigen Gesetzesvorschlägen, die im englischen Industriestaat jedermann kennt, veranschaulicht und habe gezeigt, wie diese sicherlich das Proletariat in einen neuen, aber für es befriedigenden Sklavenstaat überführen.

Es bleibt noch übrig, ganz kurz darauf hinzuweisen, daß als Wechselwirkung dieses Tatbestandes das eigentliche Kernstück einer kollektivistischen Reform, nämlich die Überleitung der Produktionsmittel aus der Hand privater Besitzer in die Hand der Staatsbehörden, nirgend auch nur in Angriff genommen worden ist. So wenig ist diese Überleitung versucht worden, daß vielmehr alle sogenannten »sozialistischen« Experimente einer Kommunalisierung und Nationalisierung der Produktionsmittel die Abhängigkeit des Gemeinwesens von der Kapitalistenklasse nur noch verstärkt haben. Um dies zu beweisen, genügt es, darauf aufmerksam zu machen, daß jedes einzelne dieser Experimente mittels einer Anleihe bewerkstelligt wurde.

Was bedeuten denn in der wirklichen Welt der Wirtschaft diese Gemeinde- und Staatsanleihen, die man aufgenommen hat zu dem Zweck, um ganz kleine Teilgebiete der Produktionsmittel auszukaufen?

Gewisse Kapitalisten besitzen eine Anzahl von Schienen, Waggons usw. Sie beschäftigen dabei gewisse Proletarier, und das Ergebnis davon ist eine bestimmte Summe wirtschaftlicher Werte. Nehmen wir an, der Überschuß, den die Kapitalisten nach Abzug des Lebensunterhalts der Proletarier erhalten können, betrage 10.000 £ im Jahr. Wir alle wissen, wie ein System dieser Art »kommunalisiert« wird. Es wird eine »Anleihe« ausgegeben. Diese trägt »Zinsen«. Sie wird mit einem »Tilgungsfonds« ausgestattet.

Diese Anleihe nun bringt in Wirklichkeit kein Geld ein, obschon sie auf Geld lautet. Sie besteht nach einer langen Kette von Tauschakten schließlich darin, daß die Kapitalisten ihre Waggons, Schienen usw. der Stadtgemeinde borgen. Die Kapitalisten verlangen, bevor sie sich auf das Geschäft einlassen, das bindende Versprechen, daß ihnen ihr alter Gewinn weiterbezahlt werde und außerdem noch ein jährlicher Betrag, der nach einer bestimmten Reihe von Jahren dem Einbringungswerte gleich ist, den die ganze Anlage im Zeitpunkte der Verleihung hatte. Diese Zuschüsse werden »Tilgungsquoten« genannt, die Dauerzahlung der früheren Überschüsse heißt der »Zins«.

In der Theorie können gewisse kleine Teilabschnitte der Produktionsmittel auf diese Weise erworben werden. Dieser einzelne Teilabschnitt wäre dann eben »sozialisiert«. Der »Tilgungsfonds« (d. h. die Abgeltung der Kapitalisten für die eingebrachten Sachwerte) könnte aus den Steuergeldern der Allgemeinheit bestritten werden in der Erwägung, daß bei der Größe der betreffenden Summen ein einzelnes derartiges Experiment nicht weiter ins Gewicht fällt. Die »Verzinsung« kann durch gute Betriebsführung aus den Reingewinnen der Trambahnen herausgeschlagen werden. Nach Ablauf einer gewissen Reihe von Jahren werden die betreffenden Straßenbahnen der Gemeinde gehören, die Gemeinde oder Allgemeinheit wird in diesem einzelnen Zweig nicht mehr vom Kapitalismus ausgebeutet werden, sie hat eben den Kapitalismus aus den allgemeinen Steuern ausgekauft und, insofern der Kaufschilling von den Kapitalisten zu Verbrauchszwecken verwendet und nicht gespart oder angelegt worden ist, ist eine »Sozialisierung« in kleinem Maßstabe geglückt. In der Wirklichkeit aber liegen die Dinge nicht so günstig.

In der Praxis streiten bereits drei besondere Umstände gegen diese schwachen Enteignungsversuche: erstens einmal die Tatsache, daß die Sachwerte immer stark überzahlt werden; zweitens die Tatsache, daß auch nichtproduktive Dinge mitgekauft werden müssen, und schließlich, daß die Darlehenszinsen viel rascher anwachsen als die Tilgungsquoten. Diese drei widrigen Umstände führen in der Praxis nur dazu, den Kapitalismus um so sicherer im ganzen Staatskörper zu verankern.

Denn wofür wird denn eigentlich gezahlt, wenn z. B. eine Straßenbahn übernommen wird? Ist es nur das echte Kapital, der wirkliche Sachwert, der bezahlt wird, womöglich sogar viel zu hoch? Weit gefehlt! Außer und neben den Schienen und Waggons sind da noch all die verschiedenen Provisionen, die vielen Sektdiners, die Rechnungen der Rechtsanwälte, alle die Entschädigungen für verschiedene Herren, alle Bestechungsgelder. Damit aber noch nicht genug. Straßenbahnen sind eine produktive Anlage. Wie aber steht es mit Lustgärten, Waschanstalten, Bädern, Bibliotheken, Denkmälern und all solchen Dingen? Zum größten Teil sind diese Dinge das Ergebnis von »Anleihen«. Wird eine öffentliche Anstalt gebaut, so borgt man sich die Ziegel, den Mörtel, das Eisen, Holz und die Dachziegel von Kapitalisten, *man verpflichtet sich, Zinsen zu zahlen und eine Tilgungsquote herauszuschlagen, genau so, als ob eine Stadthalle oder eine Badeanstalt ein Stück von einem reproduktiven Apparat wäre, als ob es sich durch seine Leistungen selbst bezahlt machte.*

Dazu kommt noch, daß diese Anschaffungen zu einem recht großen Teil Mißgriffe sind. Man kauft Dinge gerade, ehe sie durch irgendeine neue Erfindung wertlos werden, und darüber hinaus besteht bei diesem Geschäft die Tatsache, daß der Leihzins viel teurer zu stehen kommt, als was die Sache einbringt.

Mit einem Worte: Alle diese Experimente einer Kommunalisierung und Nationalisierung im ganzen zeitgenössischen Europa haben nur zu dem Ergebnis geführt, daß die Verschuldung an das Kapital etwa zweimal, wenn nicht dreimal rascher zugenommen hat als die Betriebsergebnisse der sozialisierten

Anstalten. Die Zinsen, die das Kapital verlangt, mit vollständiger Gleichgültigkeit diesbezüglich, ob es sich um produktive oder unproduktive Anleihen handelt, verschlingen mindestens 1 1/2 Prozent mehr, als die verschiedenen Experimente einbringen, selbst mit Einrechnung der gewinnbringendsten und erfolgreichsten ihrer Art, wie etwa der Staatsbahnen vieler Länder und der durchweg erfolgreichen städtischen Unternehmungen vieler moderner Städte.

Der Kapitalismus hat darauf geachtet, daß er bei dieser scheinhaften Art Sozialismus wie auch sonst immer gewinnt und nicht verliert. Die gleichen Kräfte, die in der Praxis Vermögensbeschlagnahmen ausschließen, sehen auch darauf, daß der Versuch, Beschlagnahme durch Kauf zu verschleiern, nicht nur fehlschlägt, sondern auch sich gegen diejenigen kehrt, die nicht den Mut hatten, gegen das Privileg einen Frontalangriff zu wagen.

Mit diesen konkreten Beispielen, die zeigen, wie der Kollektivismus bei dem Versuche sich durchzusetzen nur die Stellung der Kapitalisten befestigt, und weiter zeigen, wie unser Recht schon begonnen hat, das Proletariat in den Sklavenstand herabzudrücken, schließe ich die These, die ich in diesem Buche zu beweisen hatte.

Ich glaube, meine Behauptungen bewiesen zu haben.

Die Zukunft unserer Wirtschaftsgesellschaft, insbesondere der englischen Gesellschaft, ist, wenn sie sich weiter so entwickeln kann, eine Zukunft, in der dem Proletariat der Lebensunterhalt und Sicherheit gesichert sein wird, aber gesichert sein wird um das Opfer und auf Kosten der früheren politischen Freiheit und in der das Proletariat tatsächlich, wenn auch nicht dem Namen nach, einen Sklavenstand bilden wird. Zugleich wird den Besitzenden ihr Gewinn gewährleistet, der ganze Produktionsarbeiter wird geräuschlos arbeiten, und jene Stabilität, die dem kapitalistischen Zeitalter unserer Gesellschaft verloren gegangen ist, wird sich wieder einstellen. Die inneren Spannungen, die im kapitalistischen Zeitalter die Gesellschaft bedrohten, werden nachlassen und verschwinden, und das Gemeinwesen wird sich einrichten auf der Grundlage der Sklaverei, auf der es vor Entstehung des christlichen Glaubens errichtet war, von der es dieser Glauben langsam loslöste und zu der es beim Verfall dieses Glaubens naturgemäß zurückkehrt.

Schluß

Man kann eine große soziale Bewegung der Vergangenheit genau und bis ins einzelne darstellen, wenn man der Aufgabe die nötige Zeit für Forschungen widmet und weiterhin auch eine gewisse Fähigkeit des Zusammensehens und der Einfühlung mitbringt, wodurch eine große Fülle von Einzelheiten sich zu einem einheitlichen Gefüge zusammenschließen.

Eine solche Aufgabe wird selten restlos gelöst, aber sie übersteigt nicht die Kräfte der Geschichte.

Hinsichtlich der Zukunft verhält es sich anders. Niemand kann sagen, wie die Zukunft auch nur in den gröbsten Umrissen oder in ihren wesentlichen Grundzügen beschaffen sein wird. Der Historiker kann nur die Haupttendenzen seiner Zeit klarlegen, er kann nur die Gleichung der Kurve bestimmen und voraussetzen, daß diese Gleichung mehr oder weniger dem künftigen Entwicklungsverlauf entsprechen wird.

Soweit ich es beurteilen kann, zeigen diejenigen Gesellschaften, welche im 16. Jahrhundert mit der Kontinuität der christlichen Kultur gebrochen haben – und das sind im wesentlichen Norddeutschland und Großbritannien –, gegenwärtig die Tendenz, den Status der Sklaverei wiederherzustellen. Diese Tendenz wird sich je nach zufälligen örtlichen Verhältnissen verschieden gestalten, sie wird durch das Lokalkolorit gewisse Änderungen erfahren und sich vielfach in versteckten Formen vollziehen. Aber sie wird kommen.

Daß die rein kapitalistische Anarchie nicht dauern kann, ist allen Menschen klar. Es sollte aber ebenso allgemein bekannt fein, daß es nur eine sehr geringe Zahl möglicher Lösungen gibt. Ich für meinen Teil glaube, daß es deren nicht mehr als zwei gibt: entweder die Rückkehr zur gleichmäßigen Verteilung des Eigentums oder die Wiederherstellung der Sklaverei. Ich kann nicht glauben, daß der theoretische Kollektivismus nach seinen heutigen völligen Mißerfolgen jemals die gestaltende Form einer wirklichen, lebendigen Gesellschaft sein wird.

Aber meine Überzeugung, daß die Wiederherstellung der Sklaverei in unserer Wirtschaftsgesellschaft unmittelbar bevorsteht, verleitet mich nicht dazu, irgendeine dürftige und mechanische Prophezeiung über die zukünftige Gestalt Europas anzustellen. Die Kraft, von der ich sprach, ist nicht die einzige Kraft im Feld. Es gibt einen wirren Knäuel von Kräften, in den jede einst christliche Nation verstrickt ist; die alten Feuer glimmen noch.

Ja, man kann sogar auf europäische Gesellschaften hinweisen, die ganz gewiß jede solche Lösung unseres kapitalistischen Problems verwerfen werden, genau so, wie eben diese Gesellschaften den Kapitalismus selbst abgelehnt oder mit Argwohn behandelt haben und auch jene industrielle Organisation, die sich bis vor kurzem mit dem »Fortschritt« und mit der nationalen Wohlfahrt identifiziert hat, abgelehnt und mit Argwohn angesehen haben.

Diese Gesellschaften sind in der Hauptsache die gleichen, welche in jenem großen Sturm des 16. Jahrhunderts – in der größten Episode der Geschichte des Christentums – fest zur Tradition standen und die Kontinuität des sittlichen Bewußtseins gerettet haben. Zu diesen wären heute hauptsächlich die Franzosen und die Iren zu zählen.

Ich möchte es nur als einen flüchtigen Eindruck (und als nichts anderes) hinstellen, daß der Sklavenstaat, in dessen Fahrwasser Preußen und England heute schwimmen, Änderungen, Hemmungen, vielleicht kriegerische Niederlagen, sicherlich aber einen gewissen Stillstand erfahren wird bei dem Versuch, sich vollständig durchzusetzen, und zwar eben durch die kräftige Reaktion, die diese freieren Nationen an seiner Flanke immerzu ausüben werden. Irland hat sich für ein freies Bauerntum entschieden, und unsere Generation hat die feste

Grundlegung dieser Einrichtung gesehen. In Frankreich sind die vielen Experimente, die anderswo den Sklavenstaat mit Erfolg begründet haben, von der Bevölkerung mit Verachtung abgelehnt worden und (höchst bezeichnend!) ist ein neuerer Versuch, die Arbeiter als eine besondere Kategorie von Bürgern zu registrieren und zu »versichern«, angesichts einer allgemeinen mannhaften Verachtung elend zusammengebrochen.

Ich will nicht behaupten, daß dieser zweite Faktor in der Entwicklung der Zukunft, nämlich das Vorhandensein freier Gesellschaften, die anderweitig bestehende Tendenz zum Sklavenstaat zerstören wird, aber ich glaube, daß dadurch diese Tendenz Änderungen erfahren wird, sicherlich durch vorbildliches Beispiel, vielleicht auch durch direkten Angriff. Und wie ich im ganzen die Hoffnung hege, daß der Glaube seinen angestammten und führenden Platz im Herzen Europas wiedererlangen wird, so glaube ich auch, daß diesem Rückfall in unser ursprüngliches Heidentum (denn nichts anderes ist die Tendenz zum Sklavenstaat) zur rechten Zeit Einhalt geboten und Umkehr beschieden sein wird.

Videat Deus.

Hilaire Belloc

DIE GROẞEN HÄRESIEN

Der Kampf gegen Europa

180 Seiten, Klappenbroschur, 16 €
ISBN 978-3-95621-136-2
Erscheint im 1. Quartal 2019

Der katholische Apologet und Historiker Hilaire Belloc untersucht in seinem erstmals in deutscher Übersetzung vorliegenden Klassiker *Die großen Häresien* fünf bedrohliche Angriffe auf den christlichen Glauben. Diese sind beispielhaft für alle großen Bedrohungen des Christentums während der letzten zweitausend Jahre. Belloc seziert ihre Ursprünge, analysiert ihren Verlauf und beschreibt ihre gesellschaftlichen Auswirkungen. Eine andauernde Gefahr sieht Belloc im Islam, einem entstellten Christentum, dessen neuerlichen Einfall in Europa er prophezeit.
Das Buch ist keine theologische Abhandlung. Es ist ein Appell an den Glauben, denn Europa ist der Glaube und der Glaube ist Europa.

Jelena Tschudinowa

DIE MOSCHEE NOTRE-DAME

Anno 2048

434 Seiten, gebunden
mit Lesebändchen, 22 €
mit einem Nachwort der Autorin
ISBN 978-3-95621-128-7

Der Papst hat abgedankt. Der Petersdom dient als Müllkippe für den Abfall Roms. Europas Großstädte sind ghettoisiert.
Jelena Tschudinowa entwirft das dunkle Bild eines Westeuropas, in dem die radikalen Strömungen des Islams die Oberhand gewonnen haben und die Scharia regiert. Paris wird zum Kristallisationspunkt, an dem sich Moderate, Arme und Ungläubige einer neuen muslimischen Elite unterworfen haben. Die Christen fliehen ein zweites Mal in ihrer zweitausendjährigen Geschichte in die Katakomben. Doch es regt sich Widerstand. Die letzte Messe ist noch nicht gelesen.

Marcantonio Colonna

DER DIKTATORPAPST

Aus dem Innersten seines Pontifikats

280 Seiten, Klappenbroschur, 16 €
ISBN 978-3-95621-134-8

Könnte Franziskus der tyrannischste und skrupelloseste Papst der Neuzeit sein? Dies meint zumindest der Kirchenhistoriker Marcantonio Colonna in seinem kontrovers diskutierten, aber sorgfältig recherchierten neuen Buch *Der Diktatorpapst.*
Hinter der Maske des bescheidenen, volksnahen Mannes verbirgt sich ein Papst, der sich seiner eigenen Macht bewusst ist. Indem er sich mit den fragwürdigsten Elementen im Vatikan verbündet, herrscht Franziskus durch Angst. Er versucht die ewige katholische Lehre, gegen jeden Widerstand, zu verändern.

Philip F. Lawler

DER VERLORENE HIRTE

296 Seiten, Klappenbroschur, 19 €
ISBN 978-3-95621-135-5

Gläubige Katholiken beginnen zu erkennen, dass ihr Eindruck sie nicht täuscht. Unter Papst Franziskus schlug ihre Freude über dessen Wahl in Besorgnis und Angst um. Bei manchen kam sogar das Gefühl auf, betrogen worden zu sein. Sie können nicht länger so tun, als stünde er lediglich für eine Akzentverschiebung im päpstlichen Lehramt. Der verlorene Hirte untersucht die Verwirrung, die dieses Pontifikat angerichtet hat. Lawler legt dar, was auf dem Spiel steht und wie aufrechte Katholiken reagieren sollten.

Nikolai A. Berdiajew

IM HERZEN DIE FREIHEIT

Das Bürgertum zwischen Sinnsuche und Selbstgeißelung

104 Seiten, Klappenbroschur, 12 €
ISBN 978-3-95621-133-1

Im besten Sinne freiheitlich, soll dem Einzelnen das geringste Maß an Einschränkungen auferlegt werden. Damit werden persönliche Motive zum Antrieb des eigenen Handelns. Das ist keinesfalls verwerflich, ändert aber letztlich nichts daran, daß das Individuum Teil eines Ganzen bleibt und sein eigenes Handeln trotzdem, sei es bewusst oder auch unbewusst, eben genau daran ausrichtet. In unseren Tagen können Geld, Macht und Einfluss als das angesehen werden, woran diese Ausrichtung erfolgt. Damit wird der Einzelne und mit ihm die Gesellschaft als Ganzes jedoch wieder berechen- und steuerbar. Das ist das Prinzip der Freiheit, über dem Berdiajew einen Schleier entdeckt hat, den es zu lüften gilt. Mit einem Vorwort von P. Michael Weigl (FSSPX).

renovamen-verlag.de